中专房地产经济与管理 物业管理专业教学丛书

房地产经济学

天津市房地产经济学会　祁兆珍
天津市房地产管理学校　冯　洁　编
天津市城镇住房制度改革办公室　刘玉录　主审

中国建筑工业出版社

图书在版编目(CIP)数据

房地产经济学/祁兆珍,冯洁编. —北京:中国建筑工业出版社,1997

(中专房地产经济与管理、物业管理专业教学丛书)

ISBN 978-7-112-03170-2

Ⅰ. 房… Ⅱ. ①祁… ②冯… Ⅲ. 房地产经济学 Ⅳ. F293.3

中国版本图书馆 CIP 数据核字(97)第 07756 号

本书探索和提示了房地产再生产全过程中的经济关系及其内在联系,论述了房地产经济体制改革的基本理论,阐明了房地产在国民经济发展和人民生活中的地位与作用。本书主要内容有房地产的属性特征,我国房地产经济的所有制结构及财产关系,房地产的再生产过程,房地产价格,房地产的资金循环运动,涉外房地产经济,房地产经济体制改革,房地产经济的地位和作用。本书侧重于基础理论的叙述,力求能使读者通过阅读掌握比较系统的房地产经济理论基本知识,从而为学习其他专业课,奠定理论基础。

本书为中专房地产经济与管理、物业管理专业教材,亦可供房地产业实际工作者学习,参考。

中专房地产经济与管理 物业管理专业教学丛书

房 地 产 经 济 学

天津市房地产经济学会 祁兆珍
天津市房地产管理学校 冯 洁 编
天津市城镇住房制度改革办公室 刘玉录 主审

*

中国建筑工业出版社出版、发行(北京西郊百万庄)
各地新华书店、建筑书店经销
廊坊市海涛印刷有限公司印刷

*

开本:787×1092 毫米 1/16 印张:8 字数:197 千字
1997 年 7 月第一版 2013 年 11 月第十一次印刷
定价:**12.00** 元
ISBN 978-7-112-03170-2
(8310)

版权所有 翻印必究
如有印装质量问题,可寄本社退换
(邮政编码 100037)

出 版 说 明

为适应全国建设类中等专业学校房地产经济与管理专业和物业管理专业的教学需要，由建设部中等专业学校房地产管理专业指导委员会组织编写、评审、推荐出版了"中专房地产经济与管理、物业管理专业教学丛书"一套，即《物业管理》、《房地产金融》、《城市土地管理》、《房地产综合开发》、《房地产投资项目分析》、《房地产市场营销》、《房地产经纪人与管理》、《房地产经济学》、《房地产法规》、《城市房地产行政管理》共10册。

该套教学丛书的编写采用了国家颁发的现行法规和有关文件、规定，内容符合《中等专业学校房地产经济与管理专业教育标准》、《中等专业学校物业管理专业教育标准》和《普通中等专业学校房地产经济与管理专业培养方案》及《普通中等专业学校物业管理专业培养方案》的要求，理论联系实际，取材适当，反映了当前房地产管理和物业管理的先进水平。

该套教学丛书本着深化中专教育教学改革的要求，注重能力的培养，具有可读性和可操作性等特点。适用于普通中等专业学校房地产经济与管理专业和物业管理专业的教学，也能满足职工中专、电视函授中专、职业高中、中专自学考试、专业证书和岗位培训等各类中专层次相应专业的使用要求。

该套教学丛书在编写和审定过程中，得到了天津市房地产管理学校、广州市土地房产管理学校、江苏省城镇建设学校、上海市房地产管理学校和四川省建筑工程学校等单位及有关专家的大力支持和帮助，并经高级讲师张怡朋、温小明、高级经济师刘正德、高级讲师吴延广、袁建新等人的认真审阅及提出了具体的修改意见和建议，在此一并表示感谢。请各校师生和广大读者在使用过程中提出宝贵意见，以便今后进一步修改。

建设部人事教育劳动司
1997年6月18日

前　言

党的十四大确定了"我国经济体制改革的目标是建立社会主义市场经济体制"。以党的十四大为标志，我国改革开放和社会主义现代化建设进入了新的发展阶段。从党的十一届三中全会以来，我国的经济体制正经历着由计划经济体制向社会主义市场经济体制转变的重大历史时期。随着形势的发展，许多新的情况和新的问题需要用新的观点去解释。经济理论界百家争鸣、百花齐放，呈现出一派兴旺繁荣的景象。马克思主义理论得到继承和发展。房地产经济学作为政治经济学的一个分支，近年来同样出现了许多新的理论、新的观点，有待于系统地总结、论述。

贯彻"科教兴国"的战略方针，适应形势发展的需要，培养新型的房地产经济管理人才，组织房地产经济研究理论工作者和专业教师，以邓小平同志建设具有中国特色社会主义理论为指针，紧密联系房地产业的实际，在继承和发展已有的房地产经济理论的基础上，重新编写了《房地产经济学》，作为中等专业学校房地产经济与管理专业及其他相关专业的基础理论教材。

全书除绪论外共分八章，其中绪论和第三章、第四章由冯洁同志编写，其余各章由祁兆珍同志编写，并由祁兆珍同志统稿。全书由天津市城镇住房制度改革办公室刘玉录（经济学博士）主审。限于编者的水平，书中误谬之处在所难免，希望广大读者批评指正。

在本书编写过程中，得到建设部中等专业学校房地产管理专业指导委员会的大力支持和指导，参阅了大量专家学者的著作，并得到天津市房地产管理局、天津市房地产经济学会和有关单位的支持和协助，在此一并表示衷心的感谢。

目 录

绪论 ··· 1
  第一节　房地产的概念 ·· 1
  第二节　房地产经济的内涵及其产生 ·· 2
  第三节　房地产业的概念 ·· 4
  第四节　房地产经济学的学科性质 ·· 7
  思考题 ·· 9

第一章　房地产的属性特征 ·· 10
  第一节　房地产的自然属性 ··· 10
  第二节　房地产的经济属性 ··· 10
  第三节　房地产的社会属性 ··· 15
  思考题 ··· 16

第二章　我国房地产经济的所有制结构与财产关系 ··································· 17
  第一节　房地产经济所有制结构研究的范畴和目的 ·································· 17
  第二节　我国城乡土地所有制结构 ·· 20
  第三节　我国城市房产所有制结构 ·· 28
  第四节　房地产的财产关系（产权关系） ··· 35
  思考题 ··· 37

第三章　房地产的再生产过程 ·· 38
  第一节　房地产的开发建设过程 ··· 38
  第二节　房地产的流通过程 ··· 45
  第三节　房地产的消费过程 ··· 56
  第四节　房地产生产、流通和消费的关系 ··· 60
  思考题 ··· 61

第四章　房地产价格 ·· 62
  第一节　地租与地价 ·· 62
  第二节　房价与房租 ·· 71
  第三节　房价、房租与地价、地租的关系 ··· 76
  思考题 ··· 77

第五章　房地产的资金循环运动 ··· 78
  第一节　房地产的投资结构 ··· 78
  第二节　房地产金融 ·· 80
  第三节　房地产资金循环运动 ·· 87
  第四节　房地产经济运行机制与效率 ··· 90
  思考题 ··· 92

第六章　涉外房地产经济 ··· 93
  第一节　涉外房地产经济的概念与作用 ·· 93
  第二节　国内与国际房地产市场的关系 ·· 96

  第三节 涉外房地产经济的基本模式 …………………………………… 97
  思考题 ……………………………………………………………………… 99

第七章 房地产经济体制改革 …………………………………………… 100
  第一节 经济体制概述 ………………………………………………… 100
  第二节 计划经济体制下房地产经济体制的特征 ………………………… 103
  第三节 房地产经济体制改革的必要性 ………………………………… 104
  第四节 房地产经济体制改革的目标、特征和目的 …………………… 107
  第五节 房地产经济体制改革的途径和主要内容 ……………………… 109
  思考题 ……………………………………………………………………… 114

第八章 房地产经济的地位和作用 ……………………………………… 115
  第一节 房地产经济在国民经济中的作用 ……………………………… 115
  第二节 房地产业在国民经济中的地位 ………………………………… 118
  思考题 ……………………………………………………………………… 121

参考文献 ……………………………………………………………………… 122

绪　　论

第一节　房地产的概念

一、地产的概念

土地是一种自然资源。广义的土地是指由地貌、植被、土壤、岩石、水文、气候、水域、地下地质矿藏和地上空间等所组成的自然综合体。狭义的土地是指地表和土壤层。土地是人类生存与发展须臾不可离开的物质载体。马克思说："土地是一切生产和一切存在的源泉"（《马克思恩格斯选集》第二卷第109页）。城市土地是指城市规划区内的土地，绝大部分是建筑地段。建筑地段中未经开发的土地，即以自然资源状态存在的土地，俗称"生地"，是准备作为建设使用的土地；已经开发的土地，即经过投资开发已达到"三通一平"或"七通一平"具有承载能力可供建筑使用的土地，变成为土地资本俗称"熟地"，是住宅用地与园林绿化用地。城市土地的种类按用途划分可分为工业用地、商业用地、公用事业用地、交通运输用地、文教卫生用地及其他用地。

地产的概念不同于土地。土地是指土地的自然形态。地产是指土地财产，它是土地的经济形态，即在一定的所有制关系下作为财产的土地。

二、房产的概念

房屋不是自然物，是劳动产品，是建筑产品，包括建筑物、构筑物和其他附着物。

城市房屋按用途不同划分两大类，住宅房屋和非住宅房屋。住宅房屋是供居民居住生活使用的消费资料；非住宅房屋又分为工业用房、商业用房、行政办公用房和其他专业用房等。非住宅房屋属于生产资料和发展资料。工、商业用房属于生产资料；行政办公用房则属于为社会发展服务的发展资料。

房产的概念不同于房屋。房屋是指房屋的自然形态。房产指房屋财产，它是房屋的经济形态，即在一定所有制关系下作为财产的房屋。

三、房地产的概念

房地产，一般指房产和地产的总称。严格地讲是在一定所有制关系下，作为财产的房屋及其所占用的土地的总称。

在理解房地产这一定义时，应注意地产是不包括建筑物的单纯地产，是能够独立存在的；而房产实际上就是房地产，因为房依地建，房地不可分，因此没有独立存在的房产。有独立的地产而没有独立的房产，这就是泛指的房地产相对不可分性。

第二节 房地产经济的内涵及其产生

一、房地产经济的含义

房地产经济是指作为财产的房屋和土地的生产、流通、消费再生产过程中经济活动的总称。房地产经济的活动包括有生产领域的经济活动、流通领域的经济活动和消费领域的经济活动。

(一)生产领域的经济活动

1. 内容

房地产经济在生产领域的经济活动的内容有土地开发和房屋开发建设。二者结合起来发展成为房地产综合开发、配套建设以及在流通和消费领域内追加的装饰、修缮等生产活动。装饰是建筑安装的外延,修缮是局部再生产。

我国自建国以来,房地产建设的组织形式经历了三个阶段。建国初期是建设单位分别建设的阶段。在此阶段内,由用房的建设单位各自单独组织房地产建设,互不联系。从1956年开始实行统一建设,简称为"统建"。各城市设置统一建房办公室,所有建设单位均需委托统一建房办公室统一办理建房事项,实行"五个统一",即统一规划、统一设计、统一征地、统一施工、统一分配。这显然是计划经济的产物。当然,这种模式提高了效率,简化了手续,有其一定的优点。在此基础上,从80年代开始发展成为房地产综合开发配套建设。

房地产综合开发,是根据城市建设总体规划的要求,对一定区域内的房屋建筑、配套工程及基础设施进行统一规划,合理布局,综合开发,配套建设,以取得良好的经济效益、社会效益和环境效益。房地产综合开发,从横向看,要求对所开发地区的工业、交通、商业、住宅、科学教育、文化、卫生、市政工程公用设施、园林绿化、环境保护以及其他建设工程,统筹安排,配套建设;从纵向看,对建设全过程从规划设计、征地拆迁、土地平整到建筑施工统一组织,各环节紧密衔接,以求缩短建设周期,及时投入使用。

2. 特点

房地产的开发建设是物质生产过程,但与一般商品的生产过程有所不同。一般商品的生产过程是投资者与生产者统一,而我国房地产的生产过程是投资者与生产者分离。房地产开发投资者,一般不直接组织施工,而建筑施工单位承包建筑施工,但不直接投资,是代客加工,也就是作为生产者的真正生产过程是建筑公司的施工过程。作为投资者的开发商是在投资建成房屋后出售,出租,搞商品房经营。从这个特点分析,房地产开发经济活动又带有某些房地产流通领域延伸到生产领域的经济色彩。

(二)流通领域的经济活动

1. 内容

房地产流通是房地产的商品形态与货币形态互相转化的过程,通过交换实现房地产的价值和使用价值,即房地产的开发建设者交出房地产的使用价值,换回交换价值。

房地产经济在流通领域经济活动的内容有土地流通和房地产流通。地产流通包括:土地征用、土地使用权出让与转让、土地使用权租赁和抵押等;房地产流通有房屋出售、出租,房屋置换以及房屋典当和抵押等。房屋置换是流通领域在消费领域的追加和延伸。

2. 特点

房地产的流通也与一般商品的流通有所不同。首先,一般商品的流通,在商品与货币转换过程中产生"物流",而房地产因为具有固定性,在流通过程中不产生"物流",只是权属关系流动。即所有权或使用权发生转移。其次,一般商品经过商品与货币交换,一次完成买卖过程,而房地产则因为价值巨大,在交换中不仅仅有所有权转移的"买卖",也采取另一种交换形式——房屋使用权转移的"出租"。

对房地产再生产全过程几个领域划分的认识上,过去曾有过误区。在计划经济体制下,把住房作为福利,实行实物分配,土地无偿划拨使用,因而有人把房地产的实物分配看作是房地产再生产过程中独立的分配领域。这种认识是不科学的。在商品经济条件下,房地产商品和其他商品一样,职工通过货币分配和商品交换的方式,取得房地产的所有权与使用权。它的分配领域渗透在流通领域内,不单独存在。

(三) 消费领域的经济活动

房地产消费领域,就是对房地产的占有和使用,实现其使用价值。房地产的消费又分为生产消费和生活消费。生产消费(社会消费)过程是土地和非住宅房屋作为生产要素和生产资料,与其他生产要素一起投入生产或经营过程,满足生产、经营的需要。非住宅房屋的使用价值除提供生产、经营的场所之外,还具有与劳动相结合创造利润的特殊使用价值。生活消费是住宅房屋作为人类基本生活要素和基本消费资料之一,向人们提供居住生活的场所,满足生活需要。从另一角度看住宅也是劳动力再生产的必需,是人类生存、享受和发展资料。

房地产具有买卖和租赁两种交换形式。房地产买卖与其他商品买卖一样,在流通过程结束后商品才进入消费过程;房地产租赁则不同于其他商品的买卖,由于租赁活动是连续不断的多次交换活动,是边交换、边投入消费,因此房地产租赁具有流通过程与消费过程统一的特点。

以上各个领域的各种经济活动的总称就是房地产经济的内涵。

二、房地产经济的产生条件

当前房地产经济已成为发达国家国民经济的重要支柱。在我国,房地产经济发展得较晚,目前已具有一定的规模。房地产经济的产生与发展受社会经济发展的制约,具有一定的条件。

(一) 所有权的产生是房地产经济形态形成的基础

房地产是在一定的所有制关系下,作为财产的房屋与土地的总称。房屋和土地只有在产生所有权之后,成为财产才发生一系列的经济关系,包括生产关系和财产关系。在原始共产主义社会,土地不存在所有权,人类可以随意占用,它只是作为自然资源形态存在,无从产生经济关系。到了奴隶社会,所有权产生了,土地和奴隶都归奴隶主所有,于是就产生了徭役地租,开始发生了土地经济关系。随着所有制和社会分工的不断发展,房地产经济关系日益发展,出现了所有权与经营使用权等一系列的财产关系。这是房地产经济产生的基础。

(二) 房地产经济是商品经济形态的历史产物

房地产经济源于土地经济。土地作为自然形态和地球同在。但是作为经济形态是从自然经济形态转入商品经济形态的奴隶社会才开始萌发。经过了漫长的历史发展过程,从封建社会过渡到资本主义社会,土地才作为商品买卖和租赁,出现了一系列土地经济活动,土地经济才成为社会经济的一个重要组成部分,土地经济关系才引起人们的重视和研究。

房屋是从人类"穴居野处"开始,随着社会进步和生产力的发展演化而来,直到商品经济的初级阶段的封建社会,甚至目前我国的一些不发达的农村,房屋还基本是自有、自建、自用的自然经济形态。在生产力有了较大的提高,社会分工逐渐细密,市场逐渐形成,产生了城市。随着商品经济的发展,进入资本主义社会,大批农民流入城市,在城市中出现了房屋短缺的情况下,才出现了为了建房出售、出租的房产生产和经营者。房地产才真正成为商品形态,房地产经济才成为真正的商品经济。房地产经济有其特定的历史范畴。

房地产业以行业出现,在西方是在产业革命以后,在我国是在19世纪末20世纪初,也就是在鸦片战争,签订《南京条约》"五口通商",帝国主义入侵我国沿海城市以后才出现。最早是帝国主义资本的外商房地产公司,如上海的"沙逊公司""哈同洋行"等。只有在商品经济社会的条件下,房地产才能以商品形态进入市场,形成真正的现代房地产经济。房地产经济也只有随着商品经济的发展而发展。

第三节 房地产业的概念

一、什么是房地产业

房地产业是由在流通领域中从事房地产开发、经营、管理和服务企业群体所组成的行业。

按照国民经济三次产业结构的划分,第一产业是指农业、林业、牧业、渔业和采矿业等从事自然资源开发的产业部门;第二产业是指工业、建筑业等加工工业;第三产业是指为第一、二产业服务的商业、金融业、房地产业和服务业等,房地产业属于第三产业服务类。

在西方的一些国家房地产业与建筑业往往是合在一起的。即建筑业自行投资开发建设建筑产品,自行销售。在我国房地产业与建筑业是分离的。建筑业属于生产领域的第二产业,房地产业属于流通领域的第三产业。房地产业只是投资开发建设房地产,房地产竣工后进行经营,而不直接从事房地产的生产活动。因此,它被划分在流通领域的第三产业。

第三产业的兴旺发达是产业结构高级化、现代化的重要标志。江泽民同志在党的十四届五中全会上所作的《正确处理社会主义现代化建设中的若干重大关系》讲话中指出:"第三产业的兴旺发达,是现代经济的一个重要特征。发展第三产业,不仅有利于缓解资金、资源供求矛盾和就业压力,优化产业结构,而且有利于提高整个经济的效益,促进市场的发育,目前我国第三产业的比重偏低,需要逐步提高,使之与第一、第二产业发展相适应,形成合理的规模和结构"。"引导房地产业健康发展"。房地产业是第三产业中的重要组成部分。发展房地产业,带动第三产业的全面发展,调整产业结构,对于促进国民经济持续、快速、健康的发展有着重要的意义。

二、房地产业的组织结构

(一)房地产业内部的组织结构

房地产业是由从事房地产开发、经营管理和服务的企业群体所组成,这个企业群体包括土地使用权出让部门、房地产开发公司、经营公司、物业管理公司(信托公司)以及为经营服务的修缮、装饰公司,还有新兴的中介服务公司,包括中介、咨询、代营、评估等企业,分述如下。

1. 土地使用权出让部门

代表国家进行国有土地使用权有偿、有期限出让的经营部门,它属于提供土地的国家垄断经营的流通部门。目前是由政府的规划土地局办理。它决定土地的供应量、出让土地的幅数、面积、座落地理位置、出让金价格以及出让的形式(行政划拨、协议、招标、拍卖)等。国有土地使用权出让,既可以将未经过开发自然资源状态下的土地使用权出让,也可以将经过开发变成"土地资本"以后的建筑地段的使用权出让。按照政企分设的原则,土地出让部门的经营业务应由国家组建全民所有制的专营企业负责。包括从事土地征用、开发、出让等一系列的经济活动。

2. 房地产开发企业

以投资综合开发房地产然后出售出租为主要业务。它是提供房地产进行营销的企业,属于流通领域,但投资建房又延伸到生产领域。它们的经济行为决定房地产的供应量。它是房地产业的"龙头"。房地产开发企业也同时从事物业管理业务。

3. 房地产经营企业

即专门从事房地产出租业务的企业,属于流通领域。但房地产出租过程是与消费过程统一的,因此它也延伸到消费领域,它的主要业务是参与管理和维修。他们或是经营国有直管房屋 的属于房地产管理部门所属的房产经营公司;或是经营企业自管产的房产经营公司;或是由企业横向联合组建的房产经营股份公司。但近年来在改革开放中也有的兼营少量房地产开发和物业管理业务。目前,房产经营公司有向物业管理公司转化的发展趋势。

4. 物业管理(含房地产信托经营)企业

属于流通领域的服务部门,是提供劳动服务的企业,也是延伸到消费领域。物业管理企业是受产权人的委托,代理物业经营。它受雇于由业主代表大会和住户代表大会选举产生的住宅区物业管理委员会,通过合同,对房屋及其场地、相关的设施,实行统一管理,并向全体住户提供房屋维修、清洁卫生、安全保卫、园林绿化等全方位、多层次的服务。

5. 房屋维修和装饰企业

他们以提供房屋修缮和装饰劳动服务为主要业务,是生产领域追加到流通领域、消费领域提供劳动服务的企业。维修是局部再生产,创造价值,增加价值,性质等同于建筑业。建筑业是建筑安装施工企业,属于第二产业的加工企业,不属于房地产业。而房屋维修企业是为房地产流通服务的,因此属于房地产业。装饰企业主要是为消费者服务的,是生产领域追加到消费领域的企业。

6. 为房地产流通服务的房地产中介、评估、法律咨询企业

这些都是直接为房地产流通提供劳动服务的企业。其中中介企业包括房地产代理经营公司、房地产信息咨询服务公司、房地产经纪人服务公司等。这些中介企业在沟通房地产供、需信息、促成交易行为(包括房屋置换)上发挥着不可代替的作用。属于房地产流通领域中新生的企业。

房地产业内部的组织结构之间,互相联系,互相依存,互相渗透,互相作用,形成一个有机的整体。它们之间按照客观规律,应该按比例地发展。在房地产的供求总量基本平衡的前提下,也就是房地产的开发供应总量与房地产有支付能力的有效需求总量相适应的条件下,

发展房地产的经营中介环节,就成为促进房地产业发展的关键。

(二)房地产业在国民经济结构中的地位

国民经济结构按再生产过程的各个领域划分包括生产结构、流通(交换)结构、分配结构和消费结构。在生产结构中按产业部门划分又分为工业结构、农业结构等。在同一生产部门中又划分产品结构。房地产业属于流通领域第三产业的重要组成部分。

流通(交换)结构在国民经济中发挥着极为重要的作用。

第一,流通环节是联结生产与消费两大领域的纽带。通过商品与货币的转化,实现商品的价值和使用价值。把消费资金转化为再生产的生产资金,实现资金的良性循环运动,从而保证社会的连续再生产,进而不断地满足连续的社会需要,促进社会的发展和进步。

第二,流通环节发挥市场配置资源的作用。生产部门从社会上获得再生产所必需的物化劳动和活劳动的社会必要劳动时间的总量,取决于通过交换实现的价值总量,即消费资金转化为再生产生产资金的总量。资金的转化是通过流通环节的市场实现的。商品生产者所生产的使用价值(商品)只有通过交换,适销对路,为消费者所承认,才能成为社会的使用价值,才能达到为他人而生产,交出商品换回货币,实现货币增值的目的。生产决定流通和消费,流通、消费对生产又发挥反作用。流通环节通过价值规律这只"无形的手",自动地调节商品的供需关系,把资源配置到社会需要而且效益好的生产企业中去,从而不断地提高生产力,推动国民经济的快速发展。

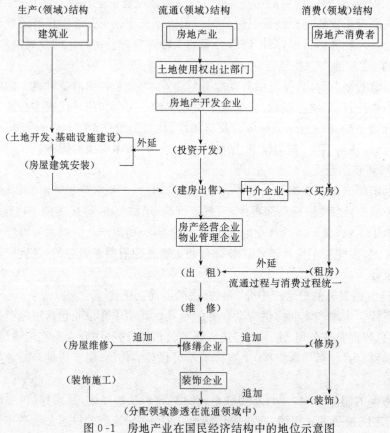

图 0-1 房地产业在国民经济结构中的地位示意图

房地产业在国民经济结构中,处于流通(交换)领域。由于房地产业特殊性的规定,它不同于第三产业的商业。商业完全处于流通(交换)结构之中,而房地产业的主体部分——房地产开发、经营和物业管理等企业都处于流通(交换)结构之中,但其投资房地产开发建设又延伸到生产领域,房地产出租和物业管理又延伸到消费领域。为房地产经营服务的房屋维修则是生产领域追加到流通领域的经济活动;装饰则是生产领域追加到消费领域的经济活动。而且房地产作为商品流通是商品与货币的交换,使消费者获得房地产商品的所有权或使用权,因而房地产的分配又渗透在流通过程之中。因此,房地产业的经济结构,事实上包括了生产、交换、分配、消费再生产的全过程,与国民经济的生产结构、流通(交换)结构、分配结构和消费结构均有外延、追加和渗透的联系,如图0-1所示。

第四节 房地产经济学的学科性质

一、房地产经济学的学科性质

随着我国经济体制改革的不断深化,适应社会主义市场经济体制的需要,这一新版本的房地产经济学问世。房地产经济学的学科性质有以下几个层次:

(1)房地产经济学是一门研究和阐述社会主义社会城市房地产经济基础理论的部门经济学,是政治经济学的一个分支,属于社会科学的范畴。本书以邓小平同志建设有中国特色的社会主义理论为指导,运用马克思主义政治经济学的基本理论,以商品经济法则(规律)为主线,紧密联系我国社会主义城市房地产经济发展的实际,通过对房地产经济现象的分析研究,探索其经济关系和内在联系,揭示经济规律在社会主义房地产经济范畴中的特殊表现。

(2)房地产经济学是房地产经济与管理专业学科体系中的专业基础理论。它所阐述的是房地产经济活动中最一般的、最基本的理论问题。作为基础理论的学科,是以认识客观规律为目的。房地产经济学论述和揭示在商品经济条件下经济规律对房地产经济活动作用的理论体系,为这个新学科体系中的其他专业课奠定理论基础,但基本上不涉及房地产经济的具体运作和管理方面的内容。

(3)房地产经济学是依据房产和地产具有相对不可分性的实际出发,不仅研究房产,也研究与之相关的地产。但房地产经济学不等于房产经济学+地产经济学。在城市房地产经济领域,房产和地产既有共性也有个性。在本书中研究的重点是从房产与地产对立统一矛盾运动的相对不可分性,即马克思指出的"偶性"出发,描述房地产经济活动中的相互联系,相互依赖,以及经济内涵上的相互渗透,相互作用。房地产经济作为一个有机整体,研究它的再生产全过程。体现了房地产业经济活动的整体性。从这个意义上讲,房地产经济学也是房地产业具有整体性的产业经济学。

(4)房地产经济学是政治经济学的一个分支。但不等于仅仅重在生产关系的分析和描述。而是从生产力与生产关系的关系上,进行综合分析,目的在于根据生产关系必须适应生产力性质这一根本规律,理顺房地产各种经济关系,调整生产关系,通过深化房地产经济体制改革,进一步促进房地产经济生产力的迅速发展。从这个角度看,房地产经济学又是生产力的经济学。

总之,房地产经济学是部门经济学,是房地产经济与管理专业学科体系中的专业基础理论学科,是具有房地产整体性的产业经济学,是房地产领域生产关系与生产力相结合,又侧重于研究生产力的学科。

二、房地产经济学研究的对象、任务和方法

(一)房地产经济学研究的对象

房地产经济学研究的主要对象是以我国社会主义初级阶段的城市房地产经济运动为基础,探索在社会主义市场经济体制下,城市房地产经济关系及其内在联系的经济规律。不仅研究城市房产而且研究与之相联系的城市地产,把房地产作为一个相对不可分割的整体经济形态进行分析研究;不仅研究房地产的流通过程而且研究房地产经济的生产、流通(含分配)、消费再生产全过程的各个环节,从房地产再生产全过程把握房地产经济的内在联系;不仅研究城市房地产经济的生产关系,而且从生产关系反作用于生产力的关系,研究发展城市房地产经济生产力的有关理论;不仅研究房地产经济运动的物质形态,而且研究房地产经济运动的价值形态,从而探索在社会主义市场经济体制下房地产经济运行机制及其经济效率。

(二)房地产经济学研究的目的和任务

房地产经济学研究的目的在于揭示社会主义初级阶段城市房地产经济发展的规律,遵循客观规律理顺经济关系,调整生产关系及与上层建筑相联系的部分,使我国的房地产经济体制改革健康地发展,达到"三个有利于"的标准,即有利于生产力的发展、有利于国力的增强、有利于提高人民生活。

为了达到上述研究目的,房地产经济研究的主要任务是:

(1)研究房地产的属性。以解剖"房地产商品"作为研究的出发点。

(2)研究我国城市房地产经济的所有制结构及其所体现的生产关系和财产关系。

(3)研究房地产再生产过程的经济运动、经济关系和经济规律。

(4)研究房地产的价值形态、资金循环运动及房地产经济运行机制。

(5)研究我国房地产经济体制改革的目标和途径所涉及的理论。

(6)研究我国房地产经济在正常情况下在国民经济中应有的地位和作用。

房地产经济学研究的总任务是透过城市房地产经济现象,研究经济运动中的经济关系及其内在联系。

(三)房地产经济学研究的方法

房地产经济学研究的方法,总的要遵循马克思主义的唯物辩证法,从实际出发,理论联系实际,从若干经济现象中抽象出科学的理论。具体讲有以下几种互相联系的研究方法:

1. 科学抽象法

在大量占有第一手资料的基础上,从复杂的经济现象中抽象出科学的理论概念,说明某种房地产经济现象最本质的特征,成为抽象思维的具体形式。运用这种方法可以揭示房地产经济的过程和现象的实质。

2. 分析综合法

这种方法是唯物辩证法的重要组成部分。运用这种方法要求把作为统一的整体现象分解成若干个方面,进行具体分析。然后再比较、综合把握它的总体。这种方法是毛主席在《矛盾论》中阐述的精辟的方法,把矛盾运动中的事物分解为矛盾的几个方面进行具体分析,找出主要矛盾和矛盾的主要方面,从而实现矛盾的转化,从量变到质变。运用这种方法分析房

地产经济现象和问题，从而全面认识它的经济关系，找出经济规律。

3. 动态分析法

任何一个学科都有它的历史范畴。房地产经济是研究社会主义初级阶段的房地产经济运动的科学。我国的社会主义初级阶段，经历了从计划经济体制向社会主义市场经济体制转变的过程。在研究的过程中，要注意历史发展阶段的过渡性。既不能以静态的方法一成不变地看待现状，又不能脱离实践形成幻想，这两种观点都是形而上学的观点。应运用动态的研究方法，既从现实出发，又要有一定的超前性，使理论能够指导实践。

4. 从简单到复杂渐进式的研究方法

我国的城市房地产经济运动，其经济关系是非常复杂的，远远超过工业经济学或商业经济学。要一下子弄清这些复杂的经济现象是困难的，必须采取从简单到复杂循序渐进。研究房地产经济学应从剖析房地产商品这一最简单最本质的现象入手，按照逻辑思维，推理判断，就可以逐步掌握复杂的房地产经济运动的全部。

5. 定量分析与定性分析相结合的方法

现代经济学已经发展成为大量借助数量分析手段的经济学。在一定意义上讲没有定量分析，就没有科学的定性分析。因此，研究房地产经济学要运用定量分析与定性分析相结合的方法，在研究某些现象时以定量分析为基础，抽象出科学的定性分析结论。

6. 实践检验理论的方法

实践是检验真理的唯一标准。理论来自实践，理论是否正确要通过实践来检验。人类认识的过程就是从实践到认识，再实践再认识的循环往复过程。人们的主观认识存在着局限性，书是人写的，反映作者的认识。认识是否符合客观，要经过实践检验。经过实践检验是对的，就是真理，就要坚持；经过实践检验是错的，就是主观脱离了客观，就要改正。理论研究只能对真理负责，实事求是。在实践不断地检验、不断地修改过程中，才能建立科学的理论体系。毛主席说："通过实践而发现真理，又通过实践而证实真理和发展真理"（《毛泽东选集》第一卷第295页）。

思 考 题

1. 什么叫地产？地产与土地有何区别？
2. 什么叫房产？房产与房屋如何区分？
3. 什么叫房地产？应怎样准确把握房地产的概念？
4. 房地产经济包含着哪些领域的经济活动？房地产经济之所以产生的条件是什么？
5. 什么是房地产业？它属于国民经济中的第几产业？构成这个产业的企业群体有哪些经济实体？
6. 房地产经济学研究的对象和目的是什么？

第一章 房地产的属性特征

属性是指事物本身固有的性质。一个事物的属性特征,是指一事物区别于其他事物所具有最本质的特殊性。这种特殊性决定着它的经济运行规律。房地产作为经济领域中的一种事物,也有它自身的属性特征,研究它是研究房地产经济规律、经济关系的出发点。

第一节 房地产的自然属性

房地产的自然属性,指房地产作为自然界存在的事物所具有的物理性质。

一、房地产的相对不可分性

房依地建,房地相连,房地产是不可分割的统一体。房与地的不可分性是相对的,而不是绝对的。相对性指:房屋离不开土地,没有土地作为依托的"空中楼阁"是不存在的;但地上没有建房的空地是司空见惯的,土地是可以离开房屋而独立存在的。因此,有独立的地产,而没有独立的房产,只能是房地相连不可分割的房地产。

二、房地产的固定性、区域性

房屋建筑在一定的土地上,不可移动,房地产是不动产。房地产只能固定在一定位置的土地上,因此,房地产具有固定性和区域性。

三、房地产的经久性

土地不会磨损,它可以永久使用,称之为永续性。房屋有自然损耗和精神损耗(指因建筑类型、建筑标准、使用功能已不适合时代要求,人为地提前进行拆除或改造而形成的损耗)。但是损耗周期的时间很长,一般为几十年、上百年。房地产具有经久性,或称耐久性、长期性。

四、土地的不可再生性

房屋坏了可以再建,而土地受自然资源的限制,不可能再生产。虽然在个别地方也出现过"填海造田"的现象,但其数量很少,与存量土地总面积相比更是微乎其微,属于例外的个别现象。土地的使用具有排它性,一块土地用来建住宅,就不可能同时再作其他用途使用。由于人口的增长和经济建设的发展,对于土地的需求日益增加,而土地不能再生增加供给,因而决定了土地的稀缺性。

第二节 房地产的经济属性

房地产的经济属性,指房地产作为经济范畴的一种物质,在经济现象、经济关系、经济运行机制和经济效果等方面所具有的本质性质。房地产的经济属性是由生产力的发展决定的，是现已经历的任何社会形态、任何生产方式下，都普遍存在的。房地产的经济属性决定着它的运行机制和必然遵循的客观规律。

一、房地产具有商品属性

商品是为了交换而生产的产品，它具有使用价值和价值二重性。商品是使用价值和价值的对立统一体，使用价值和价值相互依存又相互转化。商品生产者生产商品是为了卖出去换回货币，再用货币购买生产资料和支付工资进行商品的再生产，这就必然发生使用价值转化为价值（$W-G$）和价值转化为使用价值（$G-W$）的相互转化。在商品体中使用价值和价值又是以对方为自己存在的前提，就是说没有使用价值，就没有价值；没有价值也就没有使用价值。价值是生产者生产商品所耗用的社会必要劳动时间，以货币表示即为价格。一般意义上的使用价值是指商品对消费者的有用性，然而对于生产者来说，商品的使用价值是价值的物质承担者。他是要用商品的使用价值，通过交换，换回它的交换价值。商品生产者是为了交换，为了他人而生产商品。马克思说："要生产商品，他不仅要生产使用价值，而且要生产为别人的使用价值，即生产社会的使用价值。"（《资本论》第一卷第 48 页）商品具有使用价值和价值，二者相互依存又相互转化，这就是商品的属性。

1. 房屋的商品属性

房屋是人类赖以生存的必需品，它不是自然物，是劳动产品，具有使用价值和价值。建设房屋所耗用的社会必要劳动时间，决定它的价值量。开发商是为了交换而建房，他要求等价交换，通过交换用商品房的使用价值换回它的交换价值，实现价值补偿，然后投入再开发。房屋的使用价值和价值也是相互依存、相互转化的。房屋具有使用价值和价值的商品二重性，用于交换的房屋是商品，这就是房屋具有的商品属性。在这里需要明确的是，房屋具有商品属性，并不等于所有的房屋都具有商品属性，而只有用于交换的房屋，即出售、出租的房屋是商品，具有商品属性；不是用于交换的房屋，如自建、自有、自住的住房或是医院、部队等单位自建、自有、自用的专用房屋并不是商品，然而这些房屋一旦用来交换，它就变成为商品，有了商品属性。

在理论界，对住房属性问题有三种不同的论点：

其一，认为住房具有商品属性，称之为商品属性论，其论点已如前所述。

其二，认为住房具有福利属性，称之为福利属性论。论点是：社会主义国家是以公有制为基础的，职工实行低工资制，工资中没有含足住房消费费用。住房消费费用成为社会扣除上缴给国家用来建设公有住房，只能作为社会福利，无偿分配给国家职工，收低租金。论据引证了恩格斯关于解决工人住宅缺乏问题的一段论述："只要无产阶级取得了政权，这种有关社会福利的措施就会像现代国家剥夺其他东西和占据住宅那样容易实现了"（《马克思恩格斯选集》第二卷第 485 页）。认为住房具有福利属性是社会福利。

其三，认为住房兼有商品和福利二重属性，称之为二重属性论。论点是：社会主义社会仍然是用货币去交换住房，取得住房的所有权或使用权，因此，住房是商品；但现行的低工资制，职工的劳动成果中有社会扣除，在职工用工资不足以支付住房费用时，其差额应由社会扣除中补贴，因此，住房兼有福利属性。

三种论点经过长期的争论，于 1983 年 5 月召开的第二届城市房地产经济研究年会上取得了共识。认为住房就其经济属性而言,只能是具有商品属性,这是现已经历的任何社会形态、任何生产方式下共同存在的普遍性;福利性是在一定的社会形态下,一定时期中,对一定收入阶层所采取的一种社会保障措施,并不是住房的本质属性。得出的结论是:"存在商品生产的社会里,城市住房是商品,但并不排除国家采取的必要福利措施。"这是在理论上的拨乱反正,具有重大的深远意义。

进入90年代理论界又有一种思潮,认为住房具有经济属性和社会属性。它的经济属性是商品;社会属性是福利。主张国家应该采取"商品+福利"的住房政策。经济属性和社会属性是分属于两种不同的范畴,不能合二为一。经济属性是生产力决定的;社会属性是生产关系决定的。住房的经济运行必然是由生产所消耗的社会必要劳动时间决定其价值,通过交换,交出其使用价值,换回交换价值,实现价值补偿,从而连续不断地进行再生产,满足社会连续不断的需要。而保障人人有房住,实现住房的社会属性是国家的职能,只能制定社会保障制度,通过国民收入二次分配来实现,不能把国家的职能转嫁给企业,形成企业办社会。把住房的经济属性和社会属性混为一谈,主张实行住房"商品+福利"的政策,这种思潮,实质上是二重属性论的复归。

2. 建筑地段的商品属性

房屋具有商品属性已经得到公认,与房屋相连的土地——建筑地段是否也具有商品属性,目前虽尚无定论,但无论从实践,还是从理论发展趋势看,对城市建筑地段具有商品属性的论点都趋于认同。

按照传统的论点,作为自然资源的土地是自然物,不是劳动产品,没有凝结物化劳动,不存在价值,不认为是商品。然而土地虽然没有价值,但是有价格,地租资本化即形成土地价格,这种价格是购买与地租等量利息而支付的资本价格,是购买土地所有权的价格。

城市建筑地段是由土地自然资源和投入土地的土地资本两部分构成的。它之所以具有商品属性是基于以下的分析:

(1)土地自然资源部分,虽然没有价值,但有价格。产生所有权之后,在所有权与使用权分离的条件下,使用人租用土地就要向土地所有权人支付地租,地租是土地所有权在经济上的实现。购买土地就要支付地价。在商品经济条件下,即使没有价值的物品在交换中也必然发生使用价值与价值的相互转化,而披上商品的形式,实现商品化。土地买卖是经常发生的经济行为,在土地交换时,同样是土地的所有者交出土地的使用价值换回它的交换价值,发生土地与货币的转化关系($W-G$)。使用价值与价值是辩证的统一,相互依存,相互转化。土地交换的实践已经证明,未开发的土地,即使没有价值,实际上已经商品化了。土地价格的客观存在,就使土地取得了商品形式。

(2)建筑地段是在土地自然资源上投入了大量的劳动,把"生地"变成了"熟地",具有了建筑承载力和空间利用等不同于土地自然资源的使用价值。城市土地大都是经过长期大量投入而形成的建筑地段,它凝结着大量物化劳动,因而它具有价值。在土地自然资源上投入的土地资本部分具有使用价值和价值的商品二重性。

(3)建筑地段是土地资本与土地自然资源相结合的土地产品,二者具有不可分离的偶性。马克思把平整土地、建造经营建筑物等"投入土地的资本,称为土地资本"(《资本论》第三卷第698页)。并指出:"它属于固定资本的范畴",(同前)"这种固定资本或者合并在土地中,或者扎根在土地中,建立在土地上"(同书第872页)。还指出:"契约规定的租期一满,在土地上实行的各种改良,就要作为和实体即土地不可分离的偶性,变为土地所有者的财产"(同书第699页)。说明由土地资本投入土地实体而形成的建筑地段,二者具有不可分离的偶性。房屋建成后,建筑地段即成为建筑物的组成部分,与房屋一起成为土地产品。用于交换时,房地产就成为具有偶性的商品。

房地产具有使用价值和价值的商品二重性,是房地产经济学中的一个十分重要的基础理论。

二、房地产经济范畴的相对不可分性

房地产自然属性的相对不可分性决定了房地产经济属性同样也具有相对不可分性。经济范畴的相对不可分性不等同于共性,是指房屋与土地在经济活动、经济关系、经济现象中存在的偶性。在土地上投资,进行房地产开发建设,建成商品房屋,房屋连同建筑地段就成为与土地不可分的土地产品。这就是产生房地产经济范畴不可分性的根源。

房地产经济范畴的相对不可分性表现为:

(一)房地产的开发建设相对不可分性

土地可以单独开发,但是房屋的开发建设必然要与建筑地段同时进行开发建设。即使在"熟地"上建房,也要同时进行"三通一平"和小区内基础设施的配套建设。房屋建成,建筑地段就构成地上建筑物的组成部分,房地产同时成为土地投资的产品。

(二)房地产投入产出资金循环运动的相对不可分性

房地产建设投资包括土地征用、开发建设投资和房屋建设开发投资两部分。前者是国家的投入,后者是开发商的投入。或者由国家投资开发土地,然后出让给房地产开发商收回土地使用权出让金,进行价值补偿。这样土地开发的投入就全部转嫁给房地产开发商,并入了房屋开发建设成本。房地产开发商通过出售房地产实现资金循环。此时,房地产的资金循环中既包括了土地开发建设资金,又包括了房屋开发建设资金的循环;也就是既包括了国家国民收入二次分配的宏观资金循环,又包括了房地产开发商的微观资金循环。两个资金循环渠道密不可分。

(三)房地产的价格相对不可分性

房地产的售价和房租中都包含着级差地租。通常是地价隐藏在房价之中。而房价的高低又受地价(级差地租资本化)的决定性影响。同样结构、同样设计标准的房屋造价是基本相同的,而所处繁华地区与偏僻地区同样结构、同样设计标准的商品房价格相差悬殊,其原因是受级差地租的影响,房价与地价有着相对不可分性。

(四)房地产市场的相对不可分性

有独立的土地市场进行土地使用权出让的交易(称为一级市场),但是没有独立的房屋市场。无论是用出售或出租何种形式进行房产交换,都同时发生土地使用权的转让(称为二级或三级市场)。也就是说房屋所有权与使用权的转移,必然带来土地使用权的转移。因此,有独立的地产市场,没有独立的房产市场,房产市场只能是房地产市场,这就是房地产市场的相对不可分性。

(五)房地产经营、管理的相对不可分性

城镇国有土地可以单独经营、管理,城镇房屋必然与其相连的土地同时经营、管理。房地产开发商出售商品房必然同时转让土地使用权,房产经营企业出租房屋也必然同时出租房屋占用的土地。房地产在经营上具有相对不可分性。在宏观调控上,控制房地产业的发展速度和规模必然同时控制批地规模和房屋建设规模;在国家对房地产权属管理上,确认房屋所有权必然先确认土地使用权;在规划建设管理上纠正违章建筑必然涉及违章用地的管理。房地产在管理上也具有相对不可分性。

三、房地产具有价值大、消耗期长、不可移动性

房地产开发建设耗用的社会必要劳动时间很多,它的价值量很大。以1994年天津市的解困住房(经济适用住房)为例,建造成本为每平方米1400元,56m² 一幢两居室的建造成本高达78400元,是同期职工年平均工资5364元的14.62倍。房地产价值之大超出了其他高价耐用消费品,不是一般城市居民家庭都有能力购买的。

房地产耗用期限很长,土地可以永续使用,房屋消耗期限一般在60年以上。它的消耗期限大大超过了一般耐用消费品。恩格斯在《论住宅问题》一文中指出:"各种商品的使用价值互相差异的地方,就中还在于消费它们所需要的时间的不同"(《马克思恩格斯选集》第二卷第532页)。可见消耗期长是房地产使用价值的特点,这种特点决定了它的交换形式的特点——买卖与租赁两种交换形式并存。恩格斯说:"对消耗期限很长的商品,就有可能把使用价值零星出卖,每次有一定的期限,即将使用价值出租"(同书第532页)。

房地产的固定性。房地产使用价值的性质决定了它是固定资产,国外称之为不动产。它的流通形式不同于一般商品。一般商品在流通过程中产生物质流动,简称"物流",即在商品和货币交换过程中,商品从卖者手中流入买者手中,所发生的商品在空间上的位移。房地产是不可移动的,它在交换过程中不可能产生"物流",而是通过契约形式的权属转移。房地产的买卖,房屋的所有权与使用权同时转移;房地产的租赁,房屋只转移使用权,不转移所有权。因为城市土地属于国家所有,因此,无论房地产买卖或租赁,土地都只转移使用权,不转移所有权。

四、土地价值的级差性、辐射性和递增性(积累性)

这里所说的土地价值是指在商品经济条件下,土地作为商品交换时,所形成的土地交换价值(价格)。如前所述房屋与土地在经济范畴的相对不可分性,并不等同于二者的共性。房屋与土地既有共性也有个性(特殊性)。如房屋与土地都具有商品属性则是共性,在此论述的土地价值的级差性、扩散性和递增性(积累性),则是土地区别于房屋的特殊性。

城市土地(建筑地段)的级差性是指由于地段的位置不同、投入不同,因而利用土地产出的经济效益(超额利润)不同而形成的土地价值等级差别。级差性在经济上的实现就是级差地租。建筑地段的级差性主要取决于土地座落的地理位置,交通便利程度,公建配套设施的完善程度。房屋不存在这种级差性,建在不同地段上的同类房屋,其价值基本相同,但实际价格有很大差异,这不是房屋价值本身的差异,而是级差地租带来的,是土地价值级差性的反映。

土地价值的扩散性(或称辐射性)是指优等地段的价值高,不仅限于本地段,而且也扩散(辐射)到附近周围的地段,土地价值是从繁华地段向偏僻地段逐渐递减。或者说,土地价值的扩散(辐射)性是指一个地段的价值向其周围地段扩散(辐射)的性质。房屋不具备这种性质,某处房屋的价值并不能因临近价值高的房屋而增值。或者说,房屋的价值是不能扩散(辐

射)的。

土地价值的递增性(积累性),是指因土地的使用具有永续性和排他性。由于社会经济的发展,向土地不断地投入,使土地的价值不断积累、增值;并且由于土地具有稀缺性,供给弹性趋于零,而由于人口城市化和经济的发展,对城市土地需求日益增长,由供需关系决定的土地价格,必然保持持续增长的趋势。土地的这种价值积累和增值的性质称之为土地价值的递增性或称增值性、积累性。房屋使用期限是有限的,房屋的价值是随着使用期限的延长而逐渐消耗、递减。

房地产的经济属性是研究房地产经济现象、经济关系、经济运行、经济规律的出发点,是国家决定房地产经济体制、管理体制和政策的基础。研究它在理论和实践上均有重大的意义。

第三节 房地产的社会属性

房地产的社会属性是指房地产在人类共同生产、生活群体交互作用中所具有的根本性质。房地产的社会属性是由生产关系决定的。

一、住宅具有社会保障性

衣、食、住、行是人类生存四大要素。住宅是人类赖以生存所必需的生活资料。遮风避雨,保障安全有赖于住宅;恢复生产劳动所消耗的体力有赖于住宅,繁衍后代,教育后辈,进行劳动力再生产有赖于住宅;学习研究,提高劳动力素质有赖于住宅。人生有2/3的时间是在住宅中渡过的,人类一天也离不开住宅,住宅是人类最基本的生存资料。安居才能乐业,社会才能稳定发展,长期缺乏住宅就要导致社会动乱。社会上无论贫富,人人都要有房住。保障全社会人人有房住是国家的职能,尤其是社会主义国家的一项根本性职能。维护人民的生存权利,是社会主义国家生产关系的性质所决定的。居者有其屋是社会保障的根本任务,国家的这项社会职能,要通过社会保障体系来实现。住宅的社会保障性是指住宅问题是社会问题,人人获得生存所必需的住宅的权利应该得到社会保障,国家的此项职能要通过社会保障体系来实现。

二、房地产具有建筑整体性和使用多元化、分散性

随着社会的发展,建筑科学技术的进步,城市中的房地产逐渐从一家一户封闭式的庭院建筑向成里成片毗连的大型建筑和高层建筑发展,从单一用途的建筑向多种用途的综合建筑发展。房地产建筑的整体性越来越突出。房地产建筑的大型化、用途的多样化,必然带来使用的社会化,在市场经济条件下,必然产生产权的多元化。建筑的整体性与使用的分散性是城市房地产发展的必然,二者是矛盾的统一。建筑的整体性要求修缮、保养、维护使用功能上的统一,与产权多元化和使用分散性必然存在矛盾。这种矛盾的存在就成为要求与之相适应的管理形式——物业管理产生的基础。

三、房地产的发展具有与社会经济发展的一致性

房地产是城市的基础,是社会经济的载体,它的发展规模与速度,受社会经济发展程度

的制约,必然要与社会发展水平保持一致性。房地产经济的产生是社会经济形态发展到商品经济阶段的历史产物。城市中商品生产、商品交换普遍化了,市场供求关系,竞争机制充分发挥了作用,真正意义上的房地产业才能产生和发展。房地产业的发展反过来又促进和加速城市经济的发展。二者互为因果、相互促进,它们的发展规模和速度必然保持一致性。作为城市建设或城市改造的特定时期,房地产经济的发展具有相对的先导性,但作为一个历史的发展阶段,房地产业的发展必然与社会经济的发展保持一致性,否则必将导致供需总量的失衡,即使不进行人为地调控,也必然受市场机制和客观规律的自动调节。

思 考 题

1. 房地产相对不可分性在其自然属性与经济属性之间有何必然的联系?房地产经济属性中的相对不可分性表现在哪些方面?
2. 为什么说房地产具有商品属性?此项基本理论在实践中有何指导意义?
3. 房地产具有的价值大、消耗时间长的经济属性对其交换形式有何影响?
4. 房地产具有的不可移动性,决定了在流通过程中有什么特殊性?
5. 什么是土地价值的级差性、辐射性和递增性?

第二章 我国房地产经济的所有制结构与财产关系

所有制属于生产关系范畴,生产力决定生产关系,反过来又影响生产力的发展。在社会主义市场经济体制下,要求我国房地产经济,以公有制为基础,多种所有制并存。即以联合劳动形式为基础的,劳动者和生产资料相结合的形式在生产、分配、流通各个过程中所表现出来的生产关系。所有权决定经营权和使用权。所有制结构必然涉及产权关系(或称财产关系),明晰产权关系是建立现代企业制度,增强企业活力的基础,也是充分发挥市场配置资源基础作用的重要因素。研究房地产经济的所有制结构与产权关系,目的在于使我国房地产经济的生产关系进一步适应并发展生产力。

第一节 房地产经济所有制结构研究的范畴和目的

研究房地产经济所有制结构,首先要明确研究对象所涉及的范畴和目的。从生产力和生产关系的关系中,探索规律。

一、房地产经济所有制研究的范畴

(一)所有制的概念

在政治经济学上对所有制的涵义有两种解释。长期以来,惯用的说法,把所有制简单地归结为生产资料归谁所有,即生产资料归属论。这种论点源于斯大林提出的生产关系"三分法"。他在《苏联社会主义经济问题》一书中提出:"政治经济学的对象是人们的生产关系,即经济关系。这里包括:(1)生产资料的所有制形式;(2)由此产生的各种不同社会集团在生产中的地位以及他们的相互关系,或如马克思所说的'互相交换其活动';(3)完全以它们为转移的产品分配形式"(《苏联社会主义经济问题》第58页)。这就把所有制作为构成生产关系的一个决定性因素独立出来。也就是把所有制作为生产关系中的一个因素,而且是决定其他两个因素的决定性因素。另一种论点,认为所有制是生产关系的综合现实体现。我国著名经济学家林子力在他所著的《社会主义经济论》中指出:"马克思则认为,所有制不过是生产关系的'综合'或'总和'"(《社会主义经济论》第二卷第205页)。马克思指出:"在每个历史时代中所有权以各种不同的方式,在完全不同的社会关系下面发展着。因此,给资产阶级的所有权下定义不外是把资产阶级生产的全部社会关系描述一番。要想把所有权作为一种独立的关系、一种特殊的范畴、一种抽象的和永恒的观念来下定义,这只能是形而上学或法学的幻想"(《马克思恩格斯全集》第四卷第180页)。马克思是把所有制当作生产关系的同义语。

我们倾向于后者的观点。理由是:第一,所有制是在一定的社会形式下,劳动者和生产资料相结合的形式(如奴隶劳动、农奴劳动、雇佣劳动、联合劳动等)或劳动的支配形式,在生产、分配、流通各个过程中的综合现实表现,不是独立的因素。第二,什么样的劳动者与生产资料相结合的形式,决定什么样的生产、分配、流通的社会关系,从综合的现实形式才能说明所有权归属的特征。所有权不是生产关系的决定因素,而是被生产关系所决定的。第三,理解所有制的两重含义:"一是作为生产关系的所有制,一是作为财产关系的所有制"(林子力著《社会主义经济论》第二卷第 207 页)。所谓生产关系的所有制是指:"从劳动者和生产资料的结合形式,即劳动的社会形式出发,分析生产及分配、交换过程中的种种现实的关系,分析表现这些关系的各种经济范畴,才能揭示社会生产关系的本质的规律"。"所谓财产关系,实质上就是由人的社会关系所决定的物的社会形式,亦即占有形式或生产资料等等归于谁。"(同书第二卷第 207 页)"生产关系是财产关系的现实形式,财产关系则是生产关系的法权形式。""生产资料归谁所有,完全可以不仅是实际占有,而是作为一种权利出现,比如说,拥有生产资料同运用生产资料进行生产、推动劳动,二者可以彼此分离。所有者可以不是支配者,支配者可以不是所有者"(同书第二卷第 208 页)。这对于科学地理解所有制的内涵和运用科学的方法研究房地产经济范畴中的所有制——生产关系、财产关系,联系实际,解决实际问题有着十分重要的意义。

(二)房地产经济所有制研究的范畴

政治经济学研究的所有制是生产资料的所有制,即劳动者与生产资料相结合的社会形式在生产、分配、流通各个过程中的生产关系,以及由生产资料的归属而产生的财产关系。至于消费资料的归属,无论资本主义还是社会主义都是归属于个人所有。消费资料一般是个人从市场上买来的消耗性商品,为个人或家庭占有、使用、支配。使用价值消耗期限短的,它的价值在消费过程中就消耗掉了,它不会引发生产、分配、交换关系,因此,不属于政治经济学研究的范畴。

房地产经济学是部门经济学,它所研究的所有制范畴,同样应该是作为生产资料的房地产所有制。作为生产资料的房地产包括土地,工业、商业、第三产业作为生产资料使用的房屋,以及开发建设为了出售、出租的房地产。房地产业中的所有制结构,是指房地产开发、经营企业和其他房地产企业(如:中介信息、咨询服务、房地产价格评估等企业)的所有制结构。作为生产资料或经营手段的房地产与劳动者相结合的社会形式,必然引发各种生产关系、分配关系和交换关系;它的归属权利必然引发所有权、经营权和使用权等各种关系。因此,房地产经济学中研究的所有制范畴,主要是作为生产资料和经营手段的房地产与劳动者相结合的社会形式所引发的生产关系和所有权归属而引发的财产关系。

然而,住宅这种作为消费资料的房地产,具有与其他消费资料不同的特殊性。它的价值大、消耗期限长。住宅的所有者,可以把住宅用来作为个人消费;也可以把住宅作为资产进行经营、出售或出租。由于它的价值大,消耗期限长,它的价值不是在短暂的消费期间就可以完全消耗掉。住宅的所有权人,住用一段时间以后,又把它卖掉或出租出去的现象是时有发生的。在住宅所有权人住用他自有的住宅时,住宅是消费资料,不会引发生产关系,因而个人所有的住宅并不是房地产经济学所有制研究的范畴。一旦所有权人把住宅作为资产经营、出售或出租,住宅就变成了经营手段,成为生产资料,它与劳动者相结合的形式同样会引发生产关系和财产关系,于是它又处于研究的范畴之中。总之,基于住宅可以由消费资料转化为生产资料,因而对于它的所有制也应包括在房地产经济学研究的范畴之中。

二、所有制结构与生产力发展的关系

所有制结构与生产力发展的关系,实质上是生产关系与生产力发展的关系。生产力决定生产关系,生产关系必须适应生产力的性质,生产关系又反作用于生产力,这是客观存在的普遍规律。

(一)三种社会经济形态

生产力的发展与社会分工推动着社会生产方式的发展变化。人类最初劳动能力很低,生产工具十分落后,生产力很低,原始时代的生产方式是自给自足的自然经济。随着人类劳动能力的提高和生产工具的进步,扩大了生产领域,引起了社会分工。自给生产有余,产生了物物交换,进而发展成为以货币为媒介的商品与货币的交换。自给生产逐渐发展成为为交换而进行的商品生产,经过漫长的历史过程,形成社会普遍的生产方式,即商品生产、商品交换的商品经济。商品经济的发展经历了两个阶段。初期,商品生产和商品交换还不普遍,自然经济仍占统治地位,市场的供需关系、价格调节和竞争机制还处于隐性状态,很不完善,这是不发达的商品经济阶段,称为简单的商品经济或小商品经济。经过一段历史发展,商品生产和商品交换在社会上已经普遍化,居于统治地位,价值规律、市场机制和商品经济运行机制已经全面地、充分地发挥作用,商品经济才进入了发达的阶段,称之为市场经济。市场经济又分以私有制为基础的资本主义市场经济和以公有制为基础的社会主义市场经济。1992年10月12日召开的中国共产党第十四次全国代表大会决定:"我国经济体制改革的目标是建立社会主义市场经济体制"。当前,我国正在逐步进入社会主义市场经济。根据马克思政治经济学的推论,在物质条件极大丰富和人民思想觉悟大大提高的基础上,可以发展成为不通过商品货币交换,而直接分配劳动和劳动产品的社会化生产方式,即产品经济。自然经济、商品经济和产品经济是人类发展的三种生产方式或称为三种社会经济形态。

(二)生产力决定生产关系

劳动能力和生产工具的发展程度(即生产力发展程度)及由它所决定的社会分工和生产方式推动劳动者与生产资料相结合形式(即劳动支配的社会形式)的更替。由奴隶劳动、农奴劳动、雇佣劳动,进而发展到联合劳动。劳动的社会形式在生产、分配、流通中所体现的社会关系即生产关系。生产关系决定生产资料占有形式,即财产关系,也就是通常所讲的所有制结构。例如,产业革命以后,机械化的社会大生产代替了手工作坊式的生产,生产力的迅速发展推动了雇佣劳动这种劳动者与生产资料相结合形式的产生与发展,雇佣劳动的劳动者创造了剩余价值,从而产生了剩余价值为资本家私人占有的资本主义的所有制生产关系和财产关系。社会主义社会以联合劳动取代了雇佣劳动。联合劳动的劳动者所获得的,只是与其所付出的劳动质和量相应的一份报酬,剩余价值成为全社会所共有的社会财产,用作社会经济发展的基金,从而也就不存在剩余价值私人占有的私有制,发展成为全社会所共有的全民所有制和局部社会范围内所共有的集体所有制。这两种所有制所体现的都是公有制的所有制财产关系。因此归结出:劳动的社会形式决定生产关系,生产关系决定生产资料的占有形式所形成的财产关系;生产力决定所有制的结论。

(三)生产关系必须适应生产力的性质,生产关系反作用于生产力

生产关系必须适应生产力的性质或生产力发展的水平,才能促进生产力的进一步发展。生产关系落后于生产力的性质,必然阻碍生产力的发展;而生产关系超越了生产力的性质,也必然阻碍生产力的发展。这是由生产关系反作用于生产力的规律决定的。

生产力是最活跃的因素,劳动素质和劳动能力不断地发展提高,生产工具和生产手段不断地进步完善,生产规模不断地扩大,生产力是随着时间的前进,不停地发展提高。而一种生

产关系确立以后,往往要延续一定的时间,一般条件下,生产关系相对落后于生产力的发展。一定的生产关系形成以后,一定的生产资料占有形式或财产关系随之而确立,就形成一种社会力量,国家以法律形式予以保护,从而维护现存的生产关系。生产关系的总和称之为经济基础,经济基础的性质决定上层建筑的性质,经济基础的变化决定上层建筑的变化,上层建筑必须适应经济基础的性质。生产力与生产关系的矛盾是人类社会发展的基本动力。当生产力发展到更高的阶段,原有的生产关系落后于生产力的发展水平,阻碍着生产力的发展,必然要求改变旧的生产关系。生产关系的变革是由生产力的性质或生产力发展的水平决定的,是不以人们的意志为转移的。从奴隶劳动到农奴劳动,再到雇佣劳动,进而到联合劳动,它所体现的生产关系变革,都是由于生产力的发展,突破了原有的生产关系,经济基础性质的变化必然导致上层建筑发生变革。

但是,在特殊的条件下,主观脱离了客观,把占有形式,所有制的生产关系和财产关系误作为决定的因素,在生产力尚未发展到一定水平时,人为地使生产关系超越了生产力发展的水平同样影响生产力的发展。例如,我国一度过分强调"一大二公"的人民公社所有制生产关系,超越了我国农业生产力的水平,反而挫伤了广大农民的生产积极性,阻碍了农业生产力的发展。城市中的房地产经济同样存在着类似的问题。

在此,重温政治经济学有关生产力与生产关系、财产关系的基础理论,对于研究房地产经济的所有制结构,有着重要的指导意义。房地产经济所有制的生产关系和财产关系必须与房地产经济生产力的性质或者说必须与房地产经济生产力的发展水平相适应。这也是不以人们的意志为转移的。

三、房地产经济所有制研究的目的

房地产经济所有制结构的研究,基本目的在于掌握生产力与所有制的生产关系和财产关系的基本理论和基本规律,联系我国房地产经济的实际,具体运用到房地产经济的改革和发展的实践中去,使房地产经济的生产关系进一步适应房地产经济的生产力性质,促进房地产经济生产力的迅速发展,使房地产经济更好地满足经济建设和人民生活的需要,充分发挥房地产业应有的作用。具体的目的如下:

(1)掌握劳动支配的社会形式决定所有制形式的基本原理,充分理解社会主义房地产经济坚持以公有制为基础的必然性。社会主义社会的劳动支配社会形式是联合劳动。联合劳动决定了按劳分配的分配关系,"剩余价值"转化为全社会或局部社会的公有财产,因此决定了社会主义的房地产经济所有制结构,必然坚持以公有制为基础。

(2)掌握生产关系必须适应生产力的性质和生产关系反作用于生产力的基本理论和基本规律,联系我国房地产经济现实生产力的发展水平,深入理解我国房地产经济所有制是以公有制为基础,多种经济形式并存的必然性。

(3)掌握所有制的生产关系和财产关系的基本理论,在我国房地产经济体制改革和房地产企业制度改革中具体应用,进一步提高房地产经济的生产力,促进房地产业迅速发展。

第二节 我国城乡土地所有制结构

土地是基本的生产资料,房屋附着于土地之上,房地是不可分割的统一体。由劳动支配的社会形式所决定的土地所有制是一个社会和一个国家土地制度的核心,它是生产、分配、流通各种生产关系的综合体现,它制约着土地的财产关系,在房地产经济学中占有非常重要的地位。

一、我国城乡土地的两种公有制

1988年3月我国第六届全国人民代表大会通过的《宪法》修正案,第十条规定:"城市的土地属于国家所有。农村、城市郊区的土地,除由法律规定属于国家所有的以外,属于集体所有;宅基地和自留地、自留山,也属于集体所有。国家为了公共利益的需要,可以依照法律的规定对土地实行征用。任何组织或者个人不得侵占、买卖或者以其他形式非法转让土地。土地的使用权可以依照法律的规定转让"。以法律形式确立了我国城市土地为国有制,乡村土地除法律另有规定者外为集体所有制两种公有制形式。这是我国土地所有制结构的法权形式。作为房地产经济学,还要研究土地所有制的起源和发展的规律。

(一)土地私有制的产生及其发展

1. 土地私有制的产生

土地是自然物,不是劳动产品,土地的自然资源没有价值。在原始社会,生产力很低,人类使用最简单的工具,只能共同使用土地资源从事共同生产劳动,共同占有劳动所得维持生存。人类为了生存的本能,自发地结合成联合的群体,形成了部落。那时土地不属于任何个人所有,而是社会全体成员所共有。原始的氏族、部落是平等的自由的联合体,是原始的联合劳动,一切生产资料包括土地都是共同占有,私有制尚未产生。

随着社会生产力的发展,人类劳动能力提高了,工具进步了,人们的劳动所得逐渐自给有余,开始产生了对劳动成果的私人占有和物物交换。随着社会分工的产生和发展,私人占有范围逐渐扩大到生产工具和其他生产资料。原始社会末期,土地从社会共有逐步发展成为部落、氏族所共有,再进一步变成为部落、氏族的首领——酋长所私有。部落之间掠夺劳动果实的战争频频发生,战争占领的土地和俘虏也就成为酋长所私有,酋长驱使俘虏(奴隶)在他的土地上劳动生产,劳动产品为酋长所占有。原始的公有制被瓦解,而产生了土地和奴隶的私人占有,在人类社会上开始出现了生产资料私有制。

自从土地所有制形成以后,本来是大自然赠与人类的财富——土地有了"主",变成集团或个人对土地拥有所有权的所有者的财产,土地成为地产。于是产生了一系列复杂的土地经济关系。租地要付地租,买地要付地价。土地属自然资源本来没有价值,但是有了所有权,就有了价格。所有权与使用权的分离,土地的财产关系就形成了土地所有者、土地经营者和劳动者之间的对立统一,在占有、支配、使用三者之间和生产、分配、流通过程中都产生了复杂的社会关系和经济关系。使自然资源的土地具有了社会经济属性,成为房地产经济学研究的对象。

2. 土地私有制在发展演变过程中的几种具体现实形式

随着生产力和社会分工的不断发展,从物物交换逐步发展成为商品货币交换,使私有制不断发展。生产力的发展推动了社会生产方式从奴隶制到农奴制再到资本主义制度的演变。土地私有制也随着劳动者与生产资料相结合三种不同的社会形式(奴隶劳动、农奴劳动、雇佣劳动)的更替,出现三种不同的土地经济关系。

(1)奴隶社会的土地经济关系 奴隶社会的土地私有制的特征是:土地和劳动者本人都

成为奴隶主所占有的财产。奴隶的人身依附于土地,奴隶主强制驱使他的奴隶在他所有的土地上从事生产劳动,劳动的产品为奴隶主所占有。土地的所有者就是土地的经营者,所有权与经营权不分。奴隶主对奴隶实行超经济地残酷压迫与剥削。社会上形成奴隶主与奴隶两大对立的阶级。奴隶主为了占有更多的劳动成果,一方面对土地进行很初级的土壤改良,一方面强化奴隶的劳动强度,在提高劳动生产率,促进社会生产力的发展,有它的积极作用一面,但是由于奴隶主对奴隶的压迫和剥削的日趋残酷,使奴隶主与奴隶之间的阶级矛盾越来越激烈。奴隶寻求人身自由的斗争日益高涨,终于在社会上占极少数的奴隶主阶级被社会上占大多数的奴隶阶级所推翻,导致奴隶社会的崩溃。奴隶劳动所形成的土地经济关系被农奴劳动的土地经济关系所代替。

(2)封建社会的土地经济关系　封建社会是继奴隶社会之后的人类历史上第二个私有制社会。由于奴隶社会的奴隶人身依附于土地的私有制生产关系,极大的伤害了劳动者的积极性,广大的奴隶从最初的消极怠工、破坏工具,发展到集体逃亡和联合起义反抗奴隶主的压迫和剥削。劳动生产率不断下降,旧的生产关系阻碍了生产力的发展。一些奴隶主被推翻,奴隶获得了人身自由,同时获得少量土地成为自由农民。也有一部分奴隶主被迫改变了原来的剥削方式,把占有的土地分割成若干小块租给被释放的奴隶从事生产活动,向他们收取劳役地租、实物地租或货币地租。封建社会土地经济关系的特征:第一,劳动者不再是土地所有者的财产,但是仍保留一定的人身依附的关系,即地主与农奴或佃户的关系,仍保留一部分超经济的剥削;第二,土地所有权与使用权分离,农民租种地主的土地,向地主交纳地租是封建社会土地财产关系的主要现实形式;第三,绝大部分土地被少数的地主阶级所占有,大多数的农民阶级只占有极少量的土地,形成地主与农民两个对立的阶级。在土地所有制结构上形成大地主所有制与小农私人土地所有制并存。在我国解放前夕,全国70%~80%的土地集中到约占农村人口不到10%的地主和富农手中;而占农村人口90%以上的贫雇农和中农只占有20%~30%的土地。由于分散的小农个体生产占社会的主导地位,封建社会的农业经济生产力较低,还带有自然经济的色彩,商品经济仍处于初级阶段。

(3)资本主义社会的土地经济关系　资本主义社会是在生产力和社会分工发展到较高水平的历史条件下形成的生产方式,也是人类历史上最后一个私有制的社会。资本主义社会的特征是雇佣劳动,生产资料和劳动者的剩余价值为资本家所占有。资本主义社会,商品生产和商品交换已经普遍化,商品经济已经居于统治地位。

我国解放前是半封建半殖民地社会,并未经历过完全的资本主义社会,特别是农村基本上没有出现资本主义的租地大农场。资本主义社会的土地经济关系主要出现在西方国家。从15世纪末到19世纪初,在英国掀起了"圈地运动",剥夺了农民的土地,集中到少数的土地所有者手中,农民失去土地成为一无所有的雇佣劳动者。通过战争对殖民地的掠夺和对本国劳动者的剥削,经过血腥的原始资本积累,新兴的资产阶级积累了巨额货币资本。资本家向土地所有者租用土地,雇用劳动者,经营农场,进行商品生产,商品交换,这就是资本主义土地经济关系的基本模式。资本主义社会土地经济关系的特征是:第一,土地的所有权与经营权分离。土地的所有者并不直接经营土地,土地的经营者是租地农场主,农业资本家。第二,农民失去了土地,成为雇佣劳动者农业工人。劳动者与生产资料结合的形式是雇佣劳动的社会形式。第三,劳动者创造的剩余价值,一部分以平均利润的形式归农业资本家所占有;一部分以超额利润地租的形式,由农业资本家支付给土地所有者。由职能资本家与土地所有者共同瓜分劳动者创造的剩余价值。形成土地所有者、资本家和雇佣工人三个对立的阶级。土地所有者与资本家既有共同剥削劳动者创造剩余价值利益一致的一面；又存在着土地所有者以索取高额地租限制资本家经营利益矛盾的另一面。土地所有者、资本家和雇佣工人之间，则完全是剥削与被剥削的关系。

(二) 土地公有制的建立

1. 建立土地公有制的必然性

(1) 土地私有制的弊端　土地公有制代替土地私有制是必然的发展趋势。即使在资本主义社会，土地私有制也成为资本主义进一步发展的障碍，消灭土地私有制已经成为发展社会生产力的客观要求。主要由于土地私有制所带来的生产关系自身存在着严重的弊端。

第一，土地所有者凭借对土地的所有权获取超额利润地租。古典经济学家李嘉图称之为："不劳而获"。大土地所有者把掠夺来的大量财富用于非生产消费，大肆挥霍，形成寄生阶级，影响社会经济的发展。土地本来是大自然赐予全人类的共同财富，而土地所有者变社会财富为私人财富，影响着人们的生存和发展。马克思指出："土地所有权本来就包含土地所有者剥削土地，剥削地下资源，剥削空气，从而剥削生命的维持和发展的权利"(《资本论》第三卷第 872 页)。

第二，产业资本家(租地农场主)必须把农业工人创造的剩余价值的一部分以地租的形式交给土地所有者，从而减少了资本家的利润，影响资本积累，影响资本主义发展。

第三，土地所有者不断地增加地租，以高额地租对资本家加以限制，阻碍了生产力的发展。一方面加深了土地所有者与资本家之间的矛盾，资本家不能随心所欲地投资发展生产，减少了工农业生产的资本总量；另一方面租地农场主为获得更多的利润作为增加地租支出的补偿，在生产过程中，减少土壤改良投入，加大地力的消耗，使土地的肥力锐减。

(2) 土地公有制是联合劳动和社会化大生产的要求　社会主义社会废除了劳动力作为商品买卖的雇佣劳动，实行联合劳动。林子力教授在《社会主义经济论》一书中指出："在联合劳动制度中，人们在生产过程所能向社会提供的只是他的劳动，在分配过程中所能从社会取得的只是相应于他的劳动的一份报酬，人们不能凭借对生产的物质条件的占有获得非劳动收入，即凭借财产占取他人的劳动。这就从经济关系上说明了社会主义财产的性质，即财产的公有。在这里，劳动和财产是统一的，财产的共有，正是联合劳动的生产关系在财产形式上的表现"(《社会主义经济论》第二卷第 398 页)。他还指出："由于现实的联合劳动具有多种形式，而且还存在着个体劳动，因而财产关系也并不单纯。和社会范围的联合劳动相应的，是全民的，即全社会的财产；而和局部的、小范围的联合劳动相应的则是集体财产；此外，还有与个体劳动相应的个体财产"(同书第 399 页)。在此，充分说明社会主义的联合劳动必然要求消灭土地私有制，建立土地公有制。

社会主义生产关系必须以社会化的大生产为基础。土地公有制是社会化大生产的客观要求。社会化大生产使社会生产过程中各个生产部门之间形成相互依存的协作关系，工农业之间，第一部类和第二部类的劳动产品要按比例地发展。劳动生产率的提高，生产力的发展，使生产规模不断扩大，要求许多生产部门在统一的宏观规划指导下共同进行生产活动。只有在生产资料包括土地归社会共同占有，才能按照社会化大生产的客观要求进行社会生产活动。城市中社会化大生产的程度和生产力发展的水平较高一些，城市经济建设更具有较高的整体性、统一性、特别是城市建设必须按照城市总体规划有计划的进行。因此，要求消灭土地私有制,建立土地公有制,这是生产力发展的必然结果。马克思指出:"社会运动将作出决定:土地只能是国家的财产"(《马克思恩格斯选集》第二卷第453~454页)。

2. 我国建立土地公有制的方式

(1)农村土地集体所有制的建立与发展 从奴隶社会到封建社会到资本主义社会,都是土地私有制,只是土地私有制的具体现实形式不同,三种不同形式的土地私有制,新的具体形式都是在原有的具体形式中孕育、产生出来,而土地公有制是不可能在剥削社会里产生,只有通过无产阶级革命,推翻剥削阶级的统治,建立无产阶级政权之后才能实现。私有制包括土地私有制是居于统治地位的剥削阶级赖以生存的基础,剥削阶级必然运用国家机器和法律手段来维护它、巩固它,不允许侵犯它。只有无产阶级通过暴力革命取得政权,才能"剥夺地产"变私有制为公有制。

解放前,我国是半封建、半殖民地社会,农村的土地所有制结构是大地主所有制与小农私人土地所有制并存。中国革命分为新民主主义革命和社会主义革命两个阶段,新民主主义革命仍属于资产阶级革命性质,革命的任务是打倒帝国主义、封建主义和官僚资本主义。当时结合我国的实际,适应我国农民长期形成的土地私有制的传统观念,实行没收地主的土地,分给无地少地的农民,"耕者有其田"的土地改革政策,废除了地主阶级封建土地制度,实现了农民土地所有制,仍是一种小土地私有制,而不是社会主义的土地公有制。

随着社会主义革命的深化和生产力的发展,这种小土地私有制与社会化大生产的矛盾日益暴露出来。土地私有制必须改革。根据我国国情,建立土地公有制没有走土地国有化道路,而是选择了建立土地集体所有制的道路。这是由于:第一,对小农不能剥夺。恩格斯指出:"当我们掌握了国家权力的时候,我们绝不会用暴力去剥夺小农……。我们对小农的任务,首先是把他们的私人生产和私人占有变为合作社的生产和占有,但不是采用暴力,而是通过示范和为此提供社会帮助"(《马克思恩格斯选集》第四卷第310页)。第二,集体所有制适合当时我国农业生产社会化的程度。第三,土地集体所有制能适应我国农村小私有制的传统观念,便于农民接受。这种合作社的集体所有制的性质是社会主义性质的土地公有制形式。我国农村土地集体所有制的具体形式随着生产力的发展在农业合作化运动中不断发展变化。1952年的初级农业生产合作社,是农民的耕畜、农具作价归集体,土地入股分红。土地由家庭经营变成集体经营,所有权与经营使用权部分分离,但是土地的私人所有权在经济上通过分红实现,因此,它是半社会主义性质。1956年在农业合作化高潮中,初级社变为高级社,土地所有制有了质的变化,土地归集体所有,统一经营,不再参加集体分红,土地集体所有制正式建立。1958年在全国人民公社化运动中,过分强调"一大二公",生产关系超越了生产力的性质,反而阻碍了生产力的发展。土地归公社所有(以后变为"三级所有,队为基础"),集体经营,个人劳动完全受集体支配,记工评分,平均主义,吃"大锅饭"。其实质基本上是简单协作,并不是社会主义生产关系的特征,农民的生产积极性受到挫伤,阻碍了生产力的发展。党的十一届三中全会以后,农村土地的经营形式发生了变化,生产队所有的土地承包给农民,实行家庭联产承包经营责任制。在土地集体所有制的生产关系和财产关系具体形式上发生了显著变化。把原来土地公社(生产队)集体所有,统一经营变成农民家庭承包生产队集体所有的土地,联产计酬,实行合作经济的统一经营和农民家庭分散经营相结合,称之为"统""分"结合两层经营。联产承包制经济活动的基本决策,如分户承包地块的划分、提留的确定、种植作物的品种、面积、产量、产值、向国家的交售任务等均由集体统一作出决策,这是第一个层次的联合劳动、第一个层次的经营;签订承包合同以后,种地的事情,今天干什么,明天干什么,怎样干等具体的经营活动,就由农民家庭分散经营,这是第二个层次的联合劳动、第二个层次的经营。改变了过去农民只是按照队长的安排去干活,不管经营、干活、记分、年终分配、承包以后,农户按国家定购合同的规定,按市场的需求,决定生产什么,生产多少和怎样生产,充分发挥主动性和创造性;参与经营。生产的成果,除去向国家交税、向集体交提留和补偿生产费用之外,全部归自己,多劳多得。承包农户成为自主经营、自负盈亏的商品生产者。农民群众创造出来的这种"统""分"结合,两层经营的家庭联产承包责任制适合我国农业生产力的性质,是联合劳动与我国实际相结合集体所有制具体形式的创造。近年来这种具体形式的内容又有发展,第一个层次的经营中又出现了各种专业队的协作和组织机械化播种、收割等项内容。这种生产关系促进了生产力的不断发展。我国农村的土地公有制具有中国的特色和丰富的内容,也丰富了土地所有制的理论。

(2)城市土地国有化的建立 解放前,我国城市土地所有制结构和农村差不多,也是大量土地由少数的官僚资产阶级、外国资本家和大房地产主所占有;大多数的城市居民占有少量的土地。19世纪帝国主义入侵我国,在一些沿海通商口岸城市中帝国主义设立租界地,外国人在我国城市中拥有大量土地是一个特色。如上海市外国人拥有土地14000多亩,占市区土地面积的13.5%;天津市英、法、美、日、德、比、意、奥、俄九国租界共占地24710亩(曹振良等编著《土地经济学概论》第48页)。旧中国的城市土地所有制结构亟待改革。

解放以后,城市土地实施国有化政策,成为全民所有制。我国城市土地国有化是通过暴力剥夺和赎买政策两种方式实现的。无产阶级领导的新民主主义革命任务是消灭帝国主义、封建主义和官僚资本主义,这是我国革命的第一步,新民主主义革命胜利后就要进入第二步社会主义革命。无产阶级取得政权后,就要利用国家机器消灭帝国主义、封建主义和官僚资本主义的经济基础,剥夺帝国主义及其代理人买办阶级、地主阶级和官僚资产阶级的生产资料。解放前夕,随着革命在农村中不断取得胜利,这些革命对象的财产绝大部分集中到城市。土地是他们在城市中生产资料的重要组成部分,解放后,对他们所有的土地随同他们的其他生产资料一并收归国有,成为社会主义公有制的物质基础。具体办法是:解放后随着接管国民党政府管理的原敌逆(汉奸)产,连同所占土地一并接管;依照法律没收反革命分子和地主在城市中的房产和土地。

另一种方式是采用赎买政策,将民族资产阶级和小资产阶级的城市土地收归国有。民主革命时期,民族资产阶级既有革命性,又有妥协性,是革命统一战线团结的对象;社会主义革命时期,民族资产阶级既有要求发展资本主义的一面,又有接受社会主义改造的可能性。小资产阶级则是革命的同盟军。国家对民族资产阶级的生产资料是采取赎买政策,进行利用、限制、改造。1956年首先通过公私合营的形式,对于民族资产阶级私有企业中的生产资料,包括土地进行估价,确定股息,每年由国家支付给资本家(年利息率一般为5%),称之为"定息制度"。通过定息逐步将资本家占有生产资料和城市土地收归国有。与此同时,对城市中资本主义性质的房地产业(包括房产公司、经租处和大房产主)进行社会主义改造。分两批进行,第一批(1956年)是对房产企业、私人房产经租处和占有300间房屋(约2000m^2)以上大房主出租的房屋进行改造;第二批(1958年)是对占有11间(约150m^2)以上的房主进行改造。改造的方式是按照一定时期房主的实收租金减除税费和各项开支的余额,定租。由国家按年支付给房主,其房屋连同土地一并收归国家经营,称为"国营定租"方式。通过两批私房改造,城市私有房地产的比例大大降低,公有房地产逐步居于主导地位。例如天津市通过两批私房改造后尚余私产房屋37万间(其中出租房屋7万间)私房占全市房屋总数的比重,已由1955年的52.27%下降到1958年的20%。

1982年我国《宪法》规定:"城市土地属于国家所有。"至此,原来尚有约占城市土地4%左右的集体和个人所有的土地,也全部收归国家所有,全部实现了城市土地国有化。

3. 我国两种土地公有制的转化

如前所述,我国的土地所有制结构是城市土地国有制和农村、城市郊区土地集体所有制,形成两个层次或者说是二种公有制。两种所有制之间,客观上存在着所有权的转化关系。

(1)我国土地两种公有制,所有权转化的由来。我国的两种土地公有制所体现的生产关系决定了两种财产关系。城市国有土地是由社会的全体人民所占有,是全民所有制,由国家代表全体人民行使所有权;农村和郊区土地是由社会中一个部分的人民共同占有,是集体所有制,由农业集体经济组织(如农业生产合作社)或者村民委员会代表农民集体行使所有权。是分属两个层次的利益结构,受到法律的同样保护。按照我国《宪法》的规定:"国家为了公共利益的需要,可以依照法律的规定对土地实行征用。"这就是说,国家因建设的需要可以向农业集体经济组织征用土地,因而就发生了集体所有制的土地向全民所有制土地的转化关系。

(2)征用土地的实质。国家建设征用的土地按照《土地管理法》的规定,应向集体支付土地补偿费、青苗补偿费、附着物补偿费以及被征用土地上劳动者集体或个人的生产、生活安置费(各项补偿费用的总和不超过征用前三年平均年产值的20倍),统称为征地补偿费。集体交出被征用土地的使用价值,换回国家支付的征地补偿费,实际上是交换价值。被征用土地的所有权变集体所有为全民所有,这种征用土地经济活动的实质是两种土地公有制之间的买卖交易行为。在两种土地公有制条件下,依然存在土地交换关系。

(3)征用土地所体现的产权关系变化的特征。这种产权关系变化,有两个特征:第一是单向交换。即只有国家有资格作为征用土地的买方,集体或其他任何组织和个人均不得作为土地的买方。集体只能作为土地的卖方,单方向向国家出售土地,而不同于一般商品,双方可以互相买卖的交换行为。第二是这种土地交换行为,带有一定的强制性。国家是出于公共利益的需要向集体征用土地,农业集体经济组织和农民个人立足于全社会成员的高度,集体利益、个人利益必须服从国家的整体利益。这种强制性是基于利益一致性的原则。事实也是如此,国家征用土地以后从事建设,必然给当地群众带来长远的利益。目前,扩大城市范围,开发建设房地产都通过征用市郊土地的办法。房地产建成了,城市扩大了,带来了经济繁荣,土地价值也提高了。再如铁路、码头、航空港的建设征用土地,交通的发达,必然给附近和沿线地区带来繁荣。征地这种交易形式不同于一般商品,完全处于平等地位的交换关系。然而,由于土地具有不可再生性和稀缺性,城市规模在不断扩大,对土地的需求不断增加,这种土地交易又往往成为垄断性的交易,成为卖方市场,土地征用费(实际上是土地价格)不断上涨。

二、土地利用与所有制

土地的所有权如果只有法权概念,在经济上不能实现,在经济上就毫无意义。只有通过土地利用,才有土地经济生产关系的现实形式和财产关系的现实形式,土地所有权在经济上才能得以实现,才成为房地产经济学研究的范畴。

(一)土地利用是土地所有权在经济上的实现

土地利用就是按照土地所具有的自然属性和经济属性及社会需要,对于土地资源进行合理地配置和使用,使土地这种生产资料与劳动者相结合为社会创造物质财富。对于土地利用的研究分为两大类:一类是研究人与土地自然的关系,如何更好地、更充分地发挥土地的自然机能作用,包括发挥土地的养力(或肥力)作用;承重作用;富源(或资源)作用;景观作用等,为人类创造更多的物质财富或精神财富,不断地满足人类物质和文化的需要。一类是研究体现在土地中人与人的经济关系,包括生产、分配、交换等生产关系和财产关系,使土地的所有制(生产关系)更能适应生产力的性质,促进生产力的发展和社会进步。在此,研究的主要内容是后者。

首先是土地只有作为生产资料被人们利用起来,创造了物质财富,土地的所有权在经济上才能实现。通俗点说,一块土地,只有把它利用起来,播了种,打了粮食,粮食能吃、能卖,有使用价值和价值,于是土地才体现出它的使用价值和"价值"。土地有了主,买他这块地要给地价,租他这块地要付地租,土地的所有权在经济上才能得以实现。如果一块地不利用,不生产任何物质财富,即使这块地有主,而没有利用,他的所有权仅仅是法律上的权利概念,在经济上毫无意义。如荒山尚未开垦、无人利用的土地,它虽是国家的领土,所有权不过是个法权概念,在经济上不能实现。

(二)土地利用是土地所有权生产关系和财产关系的实现

只有土地作为生产资料,投入社会生产,劳动者与之相结合,在物质财富的生产、分配、交换过程中才会产生各种经济关系,即所有制的生产关系;也只有在土地作为生产资料参加社会生产,在生产、分配、交换过程中,出现了集团与集团之间、人与人之间、集团与个人之间的利益关系,才出现了土地归谁占有?由谁使用?创造的价值如何分配等一系列的财产关系。我国两种土地公有制所体现的财产关系基本的现实形式是土地所有权与经营权的相对分离。

如前所述,在农村土地集体所有制中,农民群众已经创造出家庭联产承包责任制这种统分结合、两层经营的典型模式。农民既是农业合作经济组织的一员,是土地集体所有者之一,又是以家庭作为经济实体,承包使用集体的土地。两个层次的联合劳动,两个层次结构的经营,形成土地所有权与使用权的相对分离。

农村的两层结构经营,扩大到城市,扩大到全社会,城市经济体制改革和城市土地所有制财产关系也出现了同样的发展趋势。城市中每个市民都以全社会成员之一的身份,成为全民所有制城市土地的所有权人中之一员;每个城市中的劳动者都是全社会这个大的劳动组织中的劳动成员,结成第一个层次的联合劳动;国家作为全社会生产、分配、流通宏观经济的决策者,是第一个层次的经营(广义的经营);每个劳动者与生产资料相结合的具体现实形式是企业(含其他单位、部门),企业直接支配劳动进行具体地生产、经营活动,是第二个层次的经营(狭义的经营);企业是自主经营、自负盈亏的经济实体,有它独立的利益。两层结构与商品生产的统一,形成社会主义市场经济机制,即在宏观调控下,发挥市场配置资源的基础性作用,企业作为经济实体和市场竞争主体按照商品经济法则运行。

城市土地是全民所有制、非全民所有制的企业(含集体所有制、私营、"三资"、个体企业等)或个人使用国有土地,显然是所有权与使用权分离;即使是全民所有制企业使用国有土地,虽然同是全民所有制,但是企业是相对独立的经济实体,进行独立核算,有它独立的利益。国家和企业是两层结构,所以土地所有权与使用权虽然不是绝对的分离,但仍然是相对的分离。只有进行土地利用,才能使土地所有制的生产关系和财产关系得以实现。

(三)必须建立反映所有制关系的用地制度

从上述分析可见土地的利用是体现土地所有制的前提条件。如果没有合理的土地利用制度,土地的所有权只剩下一个法权形式的"空壳",在经济上没有任何实际意义。

土地作为重要的生产要素、生产资料,它的所有制形式对于发展生产力的关系非常重大。社会主义国家,对于土地的所有制采取国有化的政策,主要是为了解决土地私有阻碍社会化大生产制约生产力发展这个矛盾问题。而社会主义土地公有制能否在实际社会生产中体现出这种生产关系的先进性,达到解放生产力、促进生产力发展的目的,还要看建立没建立能够反映所有制生产关系的用地制度。在农村实行了家庭联产承包两层经营结构的土地使用制度,实践已经体现出农村土地集体所有制的优越性。而在城市国有土地,长时期是采取无偿无限期的用地制度,这种用地制度,作为土地所有者国家的所有权不能体现。土地无偿使用,土地的所有权在经济上不能实现。土地分配采用行政划拨形式,"一次分配定终身",无限期地使用,所有权不能发挥支配实际占有的职能,事实上国家所有演化成部门所有。这种使用制度使土地所有制扭曲。马克思指出:不付地租,无偿使用土地的情况,"都意味着土地所有权的废除,即使不是法律上的废除,也是事实上的废除"(《资本论》第三卷第846页)。我国从1988年以后,开始实行土地有偿,有期限使用的新制度,从而使土地所有制在经济生活的实践中得到了体现。

第三节 我国城市房产所有制结构

如前所述,房地产经济学所有制研究的范畴,主要是作为生产资料和经营手段房地产的所有制结构;作为消费资料的住宅,一般作为个人所有,不引发生产、分配、交换各个领域的经济关系,不在研究的范畴之中,但是住宅一旦出售、出租就变成了经营手段,而引发了一系列的经济关系,因此,住宅的所有制结构也在研究的范畴之中。影响房地产经济生产力发展的关键是房地产业或房地产企业的所有制结构,房地产经济所有制结构研究的重点是房地产业的所有制结构。非住宅、住宅、房地产业三者所有制结构之间互有联系,既有个性又有共性。只有就三个方面的所有制结构分别研究,综合起来才能全面理解和掌握城市房产所有制所体现的生产关系。

一、城市非住宅房屋的所有制结构

城市非住宅房屋是指工业、商业、第三产业作为生产资料使用的建筑物。非住宅房屋是生产资料,它和土地、机械设备等其他生产手段的性质相同,劳动者与之相结合就可从事生产、经营活动,就必然引发一系列的经济关系和社会关系,亦即生产关系。因此,对非住宅所有制结构的研究,基本上同政治经济学对于一般生产资料所有制结构的研究相同,但也有其特殊性。在此,对于共性方面不多赘述,重点放在对它的特殊性方面加以叙述。

(一)城市非住宅房屋所有制结构的演变

城市非住宅房屋和其他生产资料一样,随着生产力和社会分工的发展,产生了私有制。资本家利用所占有的非住宅房屋和其他生产资料剥削雇佣劳动者创造的剩余价值,形成两大对立阶级。由于生产社会化与生产资料私人占有的矛盾日益加深,阶级矛盾激化,引发了无产阶级革命。无产阶级取得政权后,通过剥夺和赎买的方式,消灭了私有制,建立了生产资料公有制。这个生产关系的变革,政治经济学中已作了详细阐述。目前,我国随着经济体制改革的不断深化,非住宅房屋和其他生产资料正逐步从单一的公有制向以公有制为基础,多种经济形式(多种所有制)并存发展。以全民所有制为主导,集体所有制为重要组成部分,个体和其他经济形式作补充。值得一提的是股份制正在不断地发展,越来越居于重要地位。股份制是多种所有制的联合,其中可能是国家股占较大的比重,还有企业股、职工股和向社会发行股票的社会股,甚至有外资股。马克思在论述股份制时指出:股份制企业是所有权与经营权两权分离的企业,企业财产的所有者成为单纯的资产价值所有者,企业的经营者成为别人的资产管理人;联合起来的个人资本,在这里取得了社会资本形式,而与私人资本相对立。他指出股份制"是在资本主义体系本身的基础上对资本主义的私人产业的扬弃;它越是扩大,越是侵入新的生产部门,它就越会消灭私人产业"(《资本论》第三卷第493页)。非住宅房屋所有制的性质取决于非住宅房屋被占有的企业的性质。例如,全民所有制企业所占有的非住宅房屋所有制的性质也是全民所有制,集体企业的非住宅房屋,它的所有制也是集体所有制。

(二)国有非住宅房屋与国有企业的非住宅房屋是两个层次的全民所有制

国家所有(直管公产)的非住宅房屋与国有企业(全民所有制企业)的非住宅房屋虽然在所有制性质上都是全民所有制,但二者不是同一层次的全民所有制。国有非住宅房屋是第一层次的全民所有制,国有非住宅房屋无论是全民所有制企业使用,还是其他所有制企业使用,它的所有制性质不变,都是全民所有制。国有非住宅房屋,国家(国家授权经营的房产企业)有支配的权利。全民所有制企业的非住宅房屋是第二个层次的全民所有制。它是国家投资的一部分,它同企业的其他生产资料一样,支配权属于企业,虽然同属全民所有制,但国家不能直接支配。非住宅房屋作为生产资料的组成部分,是企业的生产(经营)手段,应该适应生产、经营的需要。全民所有制大中型企业使用的非住宅房屋,以作为国家投资企业所有为宜。

二、城市住宅房屋的所有制结构

当前,世界上住宅房屋的所有制有以下几种具体形式:

1. 住宅个人所有制

住宅为住户家庭个人所有,自有自住称为个人自有住宅,如新加坡、日本等国都推行住宅自有化政策。城市中自有住宅占绝大比重。住宅个人所有制,也是属于住宅私有制的范畴,它区别于住宅私有制之处,主要是以自有自住为主,租住私房的比重很小。自有住宅也是最古老,最普遍的形式。从古代"穴居野处"起,人类就是自己动手解决自己的住房问题,直到现在,我国的农村仍是沿袭着自有住房。在农村流传着"盖新房,娶新娘"的谚语,就说明了农民自独立成立家庭时候起,就要盖自己所有的住宅。

马克思曾经指出:"从资本主义生产方式产生的资本主义占有方式,从而资本主义的私有制,是对个人的,以自己劳动为基础的私有制的第一个否定。但资本主义生产由于自然过程的必然性,造成了对自身的否定。这是否定的否定。这种否定不是重新建立私有制,而是在协作和土地及靠劳动本身生产的生产资料的共同占有的基础上,重新建立个人所有制"

(《资本论》第一卷第832页)。他在这里精辟地分析了个人所有制与私有制的区别,也提出了在消灭了资本主义私有制以后,"重新建立个人所有制"的论点。恩格斯在《反杜林论》中讲到未来社会的所有制形式时也说过:生产资料公有制;生活资料个人所有制。住宅作为生活资料、应该"重新建立个人所有制,发展个人所有制。"

2. 住宅私有制

住宅私有制指除去自有自住的住宅部分之外,社会上以私人所有出租给别人住用的住宅为主要形式的住宅所有制结构。城市中的大房产主,建造住宅除去自住之外,大部分住宅用于出租,收取租金。此时,出租的住宅就不再是消费资料而变成了经营的手段。由于住宅是劳动产品,它具有价值和使用价值,房产主建造或购买住宅要投入资金,出租房屋就要分期收回投入的建筑成本(或售价)并取得利息。在正常情况下,由于人口城市化,城市人口不断增加,住宅供不应求,租金不断上升,租金率往往高于利息率,而且买房出租可以保值。建房出租或买房出租就成为一种投资的方式。私房租赁是在流通领域发生的经济关系,是一种完全平常的商品交易。由于交易过程中并不产生剩余价值,因此,它不同于资本家与雇佣工人之间的关系。恩格斯在《论住宅问题》中指出:"在住宅问题上有互相对立的两个方面:承租人和出租人或房主。前者想从后者那里买得住宅的暂时使用权;他有现金或信用,尽管他还必须按高利贷价格,即以额外房租形式向这个房主买到这种信用。这是一种单纯的商品买卖,这不是无产者和资产者之间,工人和资本家之间的交易"(《马克思恩格斯选集》第二卷第473页)。私房出租,承租人和出租人之间是一种单纯的商品买卖关系。

然而资本主义私有住宅出租的房产主,往往利用农村人口大批涌入城市,大幅度地提高租金,使劳动者租不起房而流落街头。富者广厦千万间,贫者无立锥之地。解放初期有很多穷苦城市居民几代人住在阴暗潮湿的棚户(窝铺)里。资本主义私有住宅制度是产生住宅缺乏现象的根本原因。恩格斯说:"这种现象(住宅缺乏现象——编者注)是资产阶级社会形式的必然产物;这样一种社会没有住宅缺乏现象就不可能存在,……在这种社会中,工人大批地拥塞在大城市里、而且拥塞的速度比当时条件下给他们修造住房的速度更快;所以,在这种社会中,最污秽的猪圈也经常能找到租赁者;最后,在这种社会中,作为资本家的房主总是不仅有权,而且由于竞争,在某种程度上还应该从自己的房产中无情地榨取最高的房租。在这样的社会中,住宅缺乏现象并不是偶然事件,它是一个必然的现象;这种现象连同它的一切影响健康等等的后果,只有在产生这些后果的整个社会制度都已经根本改革的时候,才能消除"(《马克思恩格斯选集》第二卷第495页)。资本主义住宅私有化给劳动人民带来的悲惨历史不能重演。

解放初期我国权威性的文章曾就私有住宅出租的生产关系作过科学的分析。1949年8月12日《人民日报》新华社信箱发表了题为"关于城市房产、房租的性质和政策"的文章,指出:"房屋不是自然物,而是劳动的产品。在商品生产的社会里,房屋就是一种商品,建筑房屋需要一定的投资,而且要经常出资加以修缮,当利用房屋的投资收取租息时,它就成为一种资本。""私有房屋的租赁,既然是一种借贷资本的特殊形态,因此也就和一般的借贷资本一样,它不能构成任何生产方式,而是以不同地位存在于阶级社会里面。因此,私人房主出赁房屋收取房租是一种什么性质的剥削,不能一概而论,必须要看房屋是在什么样的社会里,什么样的情况下租赁,房主与房客之间的具体关系如何,租额是否过高,租赁的方式是否有压制性等,然后才可以断定。"结合我国私房出租的具体情况,当时采取的政策原则是:"(1)承认一般私人所有的房产的所有权,并保护这种产权所有人的正当合法经营;……(2)允许私人房屋出租,租约由主客双方自由协议来订立。租额……原则上应当除掉房屋折旧赔偿金和必需的修理费用部分后,房租中的利息部分大体相当于社会上正当的平均利润。地产的投机应当禁止。"文章还指出:"人民政府的这种关于城市房屋的政策,不是暂时的,而是要长期实行的。因为只有这样,才能使城市居民有足够的房屋可住。"此文发表至今已经时隔半个世纪,实践证明了它的科学性。

3. 住宅公有制

住宅公有制又有两种形式,一种是住宅全民所有制;一种是住宅集体所有制。这两种住宅公有制在前苏联和东欧一些国家革命胜利后,曾被广泛采用。他们鉴于资本主义住宅私有制给劳动人民住房和健康带来的危害,无产阶级取得政权后,从维护劳动人民的利益出发对资本家房主所有的私人出租的住宅采取剥夺或赎买的政策收归国家所有,成为全民所有的住宅,让无房、缺房的工人住进去,解决住宅缺乏现象。全民所有制通过国家权力,宏观调控来保证中低收入者家庭有房住,使房租水平能适合大多数群众的负担能力,并能把所收房租的主要部分用于维修住宅,这些都是全民所有制住宅的优越性,绝不能抹煞。但是单一的全民所有制不能广泛调动社会各个方面的建房积极性,投资结构单一,影响住宅建设的发展,不能满足城市人口日益增长的需要。另一方面全民所有制的住宅在计划经济体制下常常忽视价值规律作用,过分强调适合低收入家庭的负担能力,又缺乏完善的社会保障制度,而形成低租金;同时强调计划分配,忽视流通环节和市场机制作用,资金不能良性循环,不能实现住宅的再生产,影响生产力的发展。住宅全民所有制是计划经济的产物,和低工资、住宅实物分配密切联系在一起。在职工工资中没有含足住房消费部分,形成社会扣除上缴国家,国家用来建房,必然是全民所有;由于工资中没有含足住房消费资金,只好进行无偿分配,收低租金。单一的全民所有制不能适应社会主义市场经济体制要求的所有制多元化,需要变革。但是在流通领域中,作为经营手段的出租住宅与消费领域个人自有住宅性质不同,为了坚持社会主义经营方向,保证全体居民的利益,全民所有制仍应保持主导地位。要正确认识这种辩证关系。

住宅集体所有制,除集体所制企业所有的住宅之外,主要指合作住宅。合作住宅是集体集资,建好房后,由出资的合作社社员共有和使用,由合作社集体经营管理。这种所有制形式在前苏联和东欧国家中占相当比重;在一些资本主义国家也存在这种所有制形式。它是依靠群众自己的力量,开展互助合作,解决自己住房的好形式。它既不存在资本主义住宅私有制的弊端,又有自主建设、经营的权利,能调动多方面的建房积极性,适合生产力水平不是很高,又较分散的性质。这种所有制所体现的生产关系比较适合生产力较低的社会。它是我国当前住房制度改革的一项主要内容。

三、房地产业的所有制结构

(一)房地产业所有制的概念

房地产业所有制是指构成房地产行业各种生产、经营和中介企业的所有制。包括房地产开发企业、房地产经营企业、房地产修缮企业、房地产装饰企业、物业管理企业、中介信息咨询服务企业、房地产评估企业等的所有制。这些企业是房地产业的经济实体,它们的经济活动是房地产生产领域和流通领域的活动,必然引起一系列的经济关系和社会关系。房地产业所有制结构的现实形式直接关系到房地产经济生产力的发展和社会进步,因此它是房地产经济学中研究所有制结构的主要部分。

(二)我国房地产业所有制结构的演变

1. 我国解放前房地产业所有制结构

(1)外国资本所有制　房地产业在我国发展较晚,在城市中真正形成商品生产、商品交换的房地产业,始于19世纪末和20世纪初。1840年鸦片战争失败,帝国主义侵入我国,清政府被迫签订中英《南京条约》,开放广州、厦门、福州、宁波、上海五口通商;1856年英法联军又挑起第二次鸦片战争,1858年和1860年先后两次攻陷天津,进逼北京,先后签订《天津条约》和《北京条约》,增开汉口、南京、天津为商埠;1900年英、俄、德、法、美、日、意、奥八国联军攻陷北京,1901年清政府被迫与上述8国及比利时、荷兰、西班牙等11国签订《辛丑条约》,在通商的城市中开辟租界地。一些外商淘金者涌入租界地,干起了房地产投机生意,凭借着帝国主义的特权,剥削压榨我国建筑工人和居民。在我国最早出现的房地产公司是外商设立的,是外国资本所有制。如上海南京路上著名的"地皮大王"犹太人哈同,1873年到上海,曾在英商沙逊洋行地产部供职,1901年开设哈同洋行经营房地产,通过低价收购,投机倒卖,拥有土地400多亩、建筑物30多万平方米,年收入租银250万两以上,占据了南京路上44%的土地。英商泰利地产公司1900年在上海开设,代理经租房屋7000多幢,获取押租和租金26万余元。英商业广房产公司1880年成立,专营里弄房屋,高价出租。曾在虹口嘉兴路一带建造里弄房屋683幢,6年收回了全部投资(杜家琪、余鑫炎编著《房地产经济学》第21~26页)。在天津,英、法、日、德、意、俄、比、奥等8国租界中,外商开设的房地产公司有:比商仪品公司、俄商阜昌洋行、英商先农公司、中法义隆房产公司等20余家,外商房地产公司在津占有房屋达54000多间。"七·七"事变后,日本帝国主义入侵,在津日商东京建物株式会社等大事经营房地产。外国资本所有制的房地产公司成为我国最早形成规模的房地产企业。它们多是白手起家,在生产过程中剥削我国建筑工人,在流通过程中盘剥我国居民而暴富。这种所有制给我国劳动人民带来的只是居住条件的恶化,住房困难。

(2)官僚、买办资本所有制　在外国资本所有制的房地产企业兴起后,我国的一些官僚、买办资产阶级依附帝国主义势力和统治权势,经营房地产,形成官僚、买办资本所有制。如封建官僚李鸿章、盛宣怀在上海拥有大量房地产。李鸿章的幕僚徐愚斋在上海有地3200多亩,造洋房51所、平房1890余间,年收租金12万余两白银。在汉口,法商立兴洋行买办刘歆生进行土地投机成为巨富,号称汉口的"地皮大王"(杜家琪、余鑫炎编著《房地产经济学》第26页)。在天津有清朝皇族庆王府,以及一批封建官僚、政客、军阀在租界内拥有大量房地产进行经营。如孙传芳、潘复、陈光远、顾维钧等均在津拥有大量房地产。他们多以经租处的形式经营管理房地产。抗日战争胜利后,代表官僚买办资产阶级利益的伪中央信托局设有地产科,受伪政权的委托,接管经营敌伪房地产,是典型官僚买办资本(国家资本)所有制的房地产经营企业。当时他们主要是以"拍卖""洽购"的形式向权贵廉价转让接管的房地产,中饱私囊。房产经租,徒具虚名,只收租,不修房,使广大城市居民的居住条件日趋恶化,给解放后人民政府遗留下破烂摊子。

(3)民族资本所有制　解放前,在20世纪20~30年代,有一些民族资产阶级把一部分工商业资本转为房地产资本,组织起华人房地产公司。在上海有丰盛、捷发、锦业、亨利等49家房地产公司;在天津有荣业、东兴、济安等16家房地产公司。他们区别于官僚买办资本所有制的是,他们不具有超经济的权势压迫,但是也收取押租、兑底费、进门费以及昂贵的房租,存在着资本主义性质的剥削。他们也受政治形势的影响,在价格波动中承担着风险,解放前夕,有许多华商公司负债累累。

(4)个人所有制　解放前,城市中一部分殷实人家,自有房产,自住有余,少量出租。性质上与上述三种所有制不同。不是以经营房地产为主要盈利手段。在解放前社会动荡,民不聊生,私有房屋租赁关系很不正常,房屋失修失养损坏严重。

旧中国房地产业的所有制结构,都是以私有制为基础,其中不论是外商还是华商举办的房地产公司或经租处,都是以盈利为目的,房价和房租飞涨,又有名目繁多的"顶费",绝大多数收取实物房租(白面、布匹、黄金),而不修房,更不建房。在城市人口急剧增加的情况下,劳动人民的住房问题极为困难。流入城市打工的农民,无处栖身,多自己动手搭盖简陋小屋或窝铺。几代人挤住在一起,生活条件十分恶劣。反动政府不问民间疾苦,解放前夕,住房建设基本陷于停顿状态,生产力遭受极大破坏。

2. 我国解放后房地产业所有制结构的演变

我国解放以后,城市房地产业所有制结构的演变经历了三个阶段,分述如下:

(1)1949~1956年,建立公有制,与其他所有制并存。解放初期,党中央以《人民日报》新华社信箱名义发表了城市房屋和房租政策的文章,承认私有房屋的所有权,并保护其合法经营,允许出租,禁止地产投机。这个政策,就使民族资产阶级和小资产阶级的房产经营业(含个人少量出租房屋者)保留下来,当时国人经营房产的企业(含公司、经租处)继续存在。新中国成立后,没收、接管了官僚、买办资产阶级的房地产成为全民所有的资产,1952年前后,在大、中城市中相继成立了全民所有制的房产公司,是代表国家经营国有房地产的行业(当时还不是企业,是事业单位)。一些外商在华的房地产公司,由于经营困难,业不抵债,于1954~1955年期间,自愿把所经营的房地产交给国有房产公司。社会主义的国有房地产经营行业逐步发展成为城市中居于主导地位的房地产业。

(2)1956~1978年,形成单一的全民所有制房地产业。随着社会主义改造高潮的到来,经过1956年和1958年两批私人房屋社会主义改造,除自有自住,少量出租的私有房屋外,都通过赎买政策转为全民所有制的房产,土地也随之收归国家所有。资本主义性质的大大小小房产经营企业,全部并入国有房产公司。城市房地产行业所有制结构成为单一的全民所有制。

房地产业所有制结构在此期间,发生了巨大变化。这个变化使全民所有制经济形式上升到统治地位,高额房租和各种名义的中间剥削不存在了,国家建造了大量工人新村,劳动人民的居住条件也确实得到了改善。然而由于高度集中的计划经济体制,否定了住房的商品属性,忽视价值规律作用,基本上不存在流通环节和投资结构的单一性,阻碍了房地产经济生产力的发展。文革期间,城市住宅建设陷入了停滞状态,由于城市人口的增加和低租金、无偿分配刺激需求膨胀,城市住房一度非常紧张,供不应求,城市住房问题在党的十一届三中全会召开的前夕,成为严重的社会问题。

(3)1978年至今,形成以公有制为基础,多种所有制并存的房地产业所有制结构。1978年党的十一届三中全会,在思想路线上拨乱反正。从我国的实际出发,开始了经济体制改革。在建设有中国特色的社会主义理论指导下,正确地分析了我国城市房地产经济生产力的状况,特别是城市住房问题面临的形势,恢复了马克思主义对于房地产,特别是对于住房的理论,承认住房具有价值和使用价值的商品二重性,允许私人建房、买房,逐步确立住房商品化政策。1984年第三届城市房地产经济年会上,由武汉和天津房地产经济研究会联合发表了题为《建设有中国特色的社会主义城市房产经济初探》文章,提出了"以全民所有制的国营房产经济为主,以集体所有制的合作房产经济为辅,以个体房产经济为补充,多种经济形式并存的房产经济所有制结构"的论点。是"文革"以来,在理论界第一次突破了房地产经济是单一的全民所有制的观点,指出多种经济形式并存,有利于充分调动国家、集体和个人各方面的积极性,提高住宅的生产力,发展住宅建设,满足社会需要。1985年在武汉就出现了第一家集体所有制的房地产开发公司——扬子实业公司,房地产业的所有制结构开始形成以全民所有制为主的多种经济形式并存的新变化。邓小平同志南巡谈话发表之后,1992年出现了全国房地产业大发展的高潮,房地产业向多元化所有制结构迅速发展。

(三)社会主义市场经济体制下,房地产业各种所有制所处的地位

1. 以公有制为基础,居于主导地位

社会主义市场经济与资本主义市场经济的根本区别在于社会制度不同,所有制结构不同。社会主义制度是联合劳动,必然是以公有制为基础;资本主义制度是雇佣劳动,是以私有制为基础。社会主义制度下,一切经济领域都必须遵循这一原则。房地产业当然也不例外。首先是社会主义国家的城市土地属于国家所有,土地的经营只能是国家垄断经营。土地的利用直接关系到民族的生存和国民经济的发展。土地的利用是有偿有限期的使用与行政划拨双轨制长时期并存,有很强的政策性。它的经营、利用都必须服从城市规划的决定。土地价格(含地租——土地使用权出让金)直接关系到各种产品成本和生产价格,关系到国计民生。因此,它也必然要受较强的国家宏观调控。决定了土地开发经营部门只能是国家机关或者是土地管理部门授权的全民所有制专营企业,而不可能是其他经济形式。

城市房屋包括住宅和非住宅。住宅是人民生活的基本消费资料,是人民生活与经济发展的最好结合点。住宅是商品,当然应该按照商品经济法则运行;但是保证人人有房住又是社会主义国家的职责,对于中低收入家庭的住房必然要辅之以社会保障制度。公有制的房地产企业比较能够更认真地贯彻执行国家的政策,不仅重视经济效益,更加重视社会效益,坚持社会主义经营方向,以人民的利益为重。因此,要求以公有制的房地产企业(含房地产开发公司和存量房地产经营公司)为基础,在房地产市场中发挥导向作用,由于它们具有重要的作用,决定了它们居于主导地位。非住宅房屋是生产要素、生产手段。作为生产资料与劳动者相结合才能从事生产、经营。非住宅房屋应该适应生产和经营的需要,因而绝大多数作为国家投资由国有企业自行管理。我国的工业、商业、企业是以公有制为基础,非住宅房屋的大部属于这些公有制企业。存量非住宅经营也是以全民所有制的房地产经营企业为基础。

从我国1985年第一次全国城镇房屋普查的统计来看,全国房屋的所有制结构所占的比重如下:全民所有制房屋占城市房屋总数74.95%(其中,房管部门直管公房占9.02%,全民单位自管产占65.93%),集体所有制房屋占8.99%,两项合计公有制房屋占城市房屋总量83.94%;私有房屋占15.8%"三资"企业所有制房屋占0.079%,其他所有制房屋占0.19%。这是城市房屋总量的所有制结构,并不等同于房地产业的所有制结构,但也足以说明是以公有制为基础。房地产业所有制结构以公有制为基础,居于主导地位是社会主义制度决定的。

2. 其他经济形式为补充,居于辅助地位

社会主义房地产业所有制结构,在以公有制为基础的前提下,多种经济形式并存。这是适应社会主义初级阶段生产力的条件,加速生产力发展的必需。改革开放以来,非公有制或混合所有制的房地产企业发展很快。首先是通过住房制度改革,出售公有住房,使个人所有的房产增加了,其中部分住房有余的,也可以进入市场出租、出售。房地产开发企业中涌现了中外合资、合作企业,股份制企业。这些企业多属混合所有制企业,其中国家股占主要的比重,中外合资企业中,一般中方股份占 50%以上,内资股份制企业中国家股也多在 30%以上,其余部分是职工股份、社会股份,这种企业本身就是多种经济形式的联合体,属于混合所有制。此外,尚有外商独资企业,其性质仍属外国资本所有制。除去全民所有制、集体所有制的房地产企业之外,其他经济形式的房地产企业是投资多元化,调动各方面的积极性加快房地产业发展的需要。它们无论从目前的数量上和发挥的作用上看,都是公有制的补充,居于辅助地位。

第四节 房地产的财产关系(产权关系)

一、房地产财产关系的内涵

财产关系是生产关系决定的生产资料和产品的占有形式。或者是生产资料和产品归属于谁。"生产关系是财产关系的现实形式。财产关系则是生产关系的法权形式"(林子力著《社会主义经济论》第二卷第 207 页)。

房地产的财产关系指由生产关系决定的房地产开发、经营企业的生产资料及其产品(含个人作为经营手段出租或典当、抵押的房地产)的占有形式以及派生的各种经济关系的法权形式。具体地说,即房地产开发企业的注册资金归属于谁?开发出来的商品房或带社会保障性质的住宅归属于谁?房产经营公司所经营的房地产归属于谁?归谁所有?由谁经营?由谁使用?他们之间有什么经济关系和法权关系,这些内容的总和就是房地产的财产关系。

房地产财产关系中,以全民所有制所体现的财产关系最复杂、明晰的程度较低,是研究的重点。全民所有制是我国房地产业所有制结构的主体,然而全民所有制或国家所有制,只要是中国的公民,人人都有一份,但谁也不能当家作主;如果说所有权人是国家,那么哪一级政府、哪一部门是所有权人的主体?具体很难说清,这部分是亟待研究明晰的。

二、房地产的所有权与经营权

财产关系首先是生产资料及其产品归谁所有的问题,也就是所有权。所有权不等同于产权,产权是权属关系的总和,所有权是产权中的组成部分,也是产权关系中的核心或主要部分。所有权是由占有权、使用权、处分权和收益权四项权利构成。所有权具有排他性,所有权人(含部门)只能是一个主体(包括法人所有权人和共有的所有权人),不能是多个。即使是全民所有制和集体所有制,它的所有权也只能由一个代表部门来行使。所有权人同时具有占有权、使用权、处分权和收益权。

所有权与经营权可以合一,也可以分离。或者说所有者与经营者可以是同一个主体,也可以不是同一个主体。"生产资料归谁所有,完全可以不仅是实际占有,而是作为一种权利出现,比如说,拥有生产资料同运用生产资料进行生产、推动劳动,二者可以彼此分离。所有者可以不是支配者,支配者可以不是所有者。在发生这种分离的情况下,所有者可以无所作为,单纯凭借其权利即所有权而取得产品"(林子力著《社会主义经济论》第二卷第208页)。在计划经济体制下,国有房地产通常是国家直接经营;在社会主义市场经济体制下要求所有权与经营权分离,国有房地产所有权属于国家,经营权属于企业。企业是自主经营、自负盈亏、自我发展、自我约束的法人。计划经济体制是实物占有、实物管理;市场经济是价值占有、价值管理。国有房地产企业,将国有的生产资料(含房地产)通过估价,折合成货币额,作为国家投资,国家凭借所有权要求经营企业通过经营,实现保值、增值,并获取资产占用费。在这种条件下,如何支配生产资料(含房地产)组织生产经营活动的权利在于经营者——企业。经营权实际是生产资料(含房地产)的支配权,或者说是实际占有权、使用权和法律(或契约)规定下的有限处分权和收益权。所有权与经营权的分离是社会主义制度两个层次(国家和企业)联合劳动的劳动形式决定的。

国有房地产企业必须明晰财产关系,划分国家资金和企业经营除去上缴国家部分以外的企业资金,明确企业的经营权利,从理论上讲,国家除去提出对国有资产处分权和收益分配权的限制规定外,全部生产资料的支配权即经营权都应归属企业,国家不应加以干涉。只有明确财产关系才能增强经营者的责任感;只有明确责、权、利的关系把国家利益和企业利益、经营者及全体职工的利益结合起来才能最大限度地调动积极性;只有把经营权全部交给企业,企业才有充分的市场应变能力,才有更强的生命力,在市场竞争中立于不败之地。

三、房地产的所有权与使用权

使用权包括实际占有权和使用权以及因使用房地产而创收的收益权。使用权是通过由所有者与使用者签定合同,由使用者向所有者付出租金而取得的。使用权应是有期限的,但实践中也存在着"永租权"或"永佃权"。例如公有住房的租约虽规定有期限,但事实上是没有期限,甚至可以继承。这种现象是由于住房是人民必需的生活资料,国家为了保障人民生活安定,而相沿采取变通措施。

所有权与使用权可以合一,即所有人就是使用人,如自有自住的房屋,但多数是所有权与使用权分离,如国有土地,所有权归属国家,而使用人则是实际占有、使用的单位或个人。正是由于土地的所有权与使用权分离,才产生地租,地租是土地所有权在经济上的实现。一旦建立了租赁契约,所有者只是凭借所有权的权利,按期收取租金,使用者按照契约规定的用途使用房地产。非住宅房屋具有一种特殊的使用价值,就是它作为生产资料可以为使用者创造剩余价值、创造利润。使用人使用非住宅房屋所获得的经营利润,归使用人所有。因此,使用权中含有一定的收益权。

在所有权、经营权、使用权三者分离的条件下,收益分配的关系是使用者从使用房地产(非住宅房屋)创收的利润中,一部分以租金的形式支付给经营者;经营者又要以其中一部分以资产占用费或股息的形式支付给所有者。

四、房地产的所有权与它项权利

它项权利是在所有权的基础上派生出来的权利。它项权利包括的内容很多,主要的有以下几项:

(一)抵押权

房地产的所有权人,以其所有的房地产作为抵押的标的物,而发生的债权、债务关系。当以契约形式形成房地产抵押关系时,房地产的所有人以债务人的身份,将其所有的房地产暂时交给债权人,作为经济担保,获得一笔贷款;契约期满,由债务人向债权人偿清本息,债权人将债务人的抵押标的物——房地产交还给债务人;如果债务人到期不能清偿债款,由债权人按照契约的规定,处理债务人抵押标的物——房地产,拍卖后所得价款用以尽先清偿债权人的贷款本息。

(二)典当权

典当权的性质与抵押权相同,实质也是借贷关系。房地产的所有权人,以出典人的身份将其所有的房地产典当给承典人,向承典人取得典价(贷款)。在典当期间,典当的房地产暂时的所有权转移给承典人,承典人有暂时的占有权、使用权和收益权,但不具有处分权。典当期满由出典人向承典人偿还典价和利息,赎回房地产的所有权;如果出典人不能按期赎回,则由承典人处理(出售)典当的房地产,尽先归还典价,或由承典人向出典人再支付一笔售价与典价的差价(俗称:找价),然后由出典人将典当的房地产过户给承典人,承典人即成为典当房地产的永久所有权人。

(三)地役权

在土地私有的条件下,地役权是在使用同一地块的使用人,都共同享有通过地块的权利。

思 考 题

1. 所有制的概念是什么?研究房地产所有制的目的是什么?
2. 社会主义社会为什么建立土地公有制?我国的土地所有制结构是什么?土地所有制与土地利用有什么关系?
3. 在社会主义市场经济体制下,我国城市房地产所有制结构为什么要建立以公有制为基础,多种所有制并存的城市房地产所有制结构?
4. 什么是房地产的财产关系?房地产所有权与经营权、使用权之间的关系是什么?

第三章 房地产的再生产过程

房地产作为商品,同其他商品一样,都是人类经过劳动建造起来的物质成果。土地本身虽然不是人类劳动的产物,并且具有不可再生性,但是建筑地段是在土地自然资源上投入了大量社会劳动。作为商品生产,直接目的是为了进行社会交换,间接目的是通过交换不断地满足社会需要。进行房地产生产建设的目的同样是为了交换,向社会提供建筑地段、厂房、商店、机关办公用房和住宅。以满足人类社会生产和生活的需要。全社会对房地产的需求是连续不断的,这就决定了社会必须能够连续不断地进行房地产的生产建设,经常提供房地产商品以满足其需要。用马克思再生产理论来说,就是房地产业也要不断地进行房地产的扩大再生产。房地产的再生产过程与其他任何商品的再生产过程是基本一致的,都离不开以下四个环节,即生产环节、交换环节、分配环节和消费环节。

第一节 房地产的开发建设过程

房地产的开发建设过程,就是房地产的物质生产过程。这个过程是房地产业的基本经济活动之一,也是房地产经济生产领域的核心部分。房地产经济的生产活动包括建筑地段的开发建设和房屋建筑安装活动,以及追加到流通和消费领域中的房屋维修、装饰等经济活动。房地产生产领域的经济活动是指劳动者与生产资料相结合创造价值(房地产商品)的经济活动。最基本的是建筑安装施工活动,它是直接发生在房地产生产领域。房屋维修是局部再生产,房屋维修与装饰都创造价值,因此也都属于房地产经济的生产活动。但房屋维修与装饰是发生在房地产的流通(租赁)领域或消费(使用)领域,因此它们是追加到流通和消费领域中的房地产生产活动。

纯粹的房地产生产活动是建筑业的安装施工活动。但我国建筑业并不直接投资生产建筑产品,只是"订货加工"。我国房地产开发企业是投资者和产品经营者,但它并不直接从事房地产的生产建设活动,严格地说它是属于房地产流通领域,它的经济活动外延到房地产的生产领域。这一点是我国房地产商品与其他商品在生产领域所具有的特殊性。按国际惯例,建筑安装企业与房地产开发企业通常是合而为一的,同属于房地产开发建设的生产过程。在此按照国际惯例把房地产开发建设作为统一的房地产生产过程进行叙述。

一、房地产综合开发建设的经济活动

(一)房地产综合开发的概念

所谓房地产综合开发,就是对城市土地以及地上的建筑物与构筑物进行综合开发建设。房地产综合开发是包括市政建设、公用事业建设、公共设施配套建设和绿化建设进行统一规划,合理布局,因地制宜,综合开发,配套建设的一种新型城市建设模式。横向上是在同一地区中,工、商、文、卫、办公、住宅各类房屋和交通、市政、公用、绿化各项设施及场地的土建工

程统一安排；纵向上是规划、设计、征地、拆迁、基础设施、场地平整、建筑安装等各项活动统一组织。这种模式是计划经济体制下的产物，借助于行政手段组织推动。它具有布局合理、功能齐全、高效节约和方便使用等优点。因此，在目前国家宏观调控的市场经济体制下仍然具有它的优越性。

(二)房地产综合开发建设的主要经济活动

建国以来，我国房地产开发建设经历了三个阶段，采用了三种不同的形式：第一阶段在建国初期直到50年代末，主要是建设单位自用自建的形式，由建设单位分散地各自办理征地、基础设施建设和房屋建设等项活动，进行房地产建设。第二阶段进入60年代房地产开发采取了"统一建设"的形式，俗称"统建"，即在城市中设立统建办公室承担全市统一建房任务，实行统一规划、统一设计、统一施工、统一分配、统一管理及费用的统一摊销。通过统筹安排，节约了人力、物力、财力，城市建设步入了新的阶段。从80年代开始进入了第三阶段，即房地产综合开发阶段。

房地产综合开发建设主要包括两大部分生产活动：一是对土地进行开发和再开发。首先把未开发的土地建成有承载能力可以利用的建筑地段。另一部分是房屋的建造过程。这两项生产活动，紧密联系在一起。

1. 土地的开发与再开发

土地的开发：是指人们从社会发展和人们生活的实际需要出发，利用一定的技术经济手段对土地进行投资、加工的基本建设过程。

土地开发的种类主要有两大类：一类是农业土地开发 它是通过开垦水利建设和对低产田改良等手段来实现；另一类就是我们这里所讲的城市建筑地段的开发，是通过道路、桥涵、给水、排水、煤气、供电、供热、通讯等基础设施建设和场地平整实现的。

土地的再开发是指对城市中已建成的建筑地段土地，由于基础设施陈旧需要更新或其功能已不适应城市建设发展的需要而进行的改造再建设。

进行城市土地开发，有着十分重要的社会经济意义。从宏观上看，城市土地开发是城市各项建设事业中基础性的基本建设。做好城市土地开发工作，可以合理利用城市土地资源，充分发挥作为基本生产要素的作用。对于改善城市面貌，促进城市经济发展，提高城市的经济效益、社会效益、环境效益都有重大的作用。从微观上看，进行土地开发，是房地产生产过程的前期基础工作。它直接关系到整个房地产开发建设的后续全过程。

2. 房屋建设与改造

房屋建设是新建小区的房屋生产过程；房屋改造是指房屋达到使用年限以后或者由于使用功能已不能适应社会发展的需要，必须进行拆除再建设的房屋再生产过程。

房屋生产过程是一个十分复杂的过程。整个过程有一套严格的建设程序。它包括三个阶段：第一，前期准备阶段：要经过项目可行性分析、市场预测、项目决策；选址，即选择建房地址，申请用地或办理征用土地，进行土地开发，做到"三通一平"(即水通、电通、路通、场地平整)，进行小区规划设计和建筑设计，办理施工执照。在前期准备阶段要建设资金到位。第二，施工阶段：在设计方案确定后，组织招标、定标，与建筑公司签定施工合同，建筑队伍、机械设备、建筑材料进场。这个阶段是劳动与生产资料相结合，进行物质生产的施工阶段。要把住工程质量和施工进度关，并要重视新技术、新工艺、新材料的应用，提高效率和质量，降低能耗和材料消耗。第三，竣工验收阶段、工程竣工后，要由质量监察部门、设计部门、施工部门与建设单位,按照建筑工程质量标准进行联合验收,确保工程质量。综合开发配套建设强调各项配套设施如供气、供电、供水、供暖以及公建配套建筑,必须同步竣工,保证及时投入使用。这些环节之间必须前后衔接,才能保质保量完成房屋生产过程。

二、房地产的生产要素组合

进行房地产的生产和进行其他商品生产一样具有共同的要求,这就是必须具备基本的生产要素。所谓生产要素是指进行生产不可缺少的基本条件。马克思说:"不论生产的社会形式如何,劳动者和生产资料始终是生产的因素。……凡要进行生产,就必须使它们结合起来"(《马克思恩格斯全集》第24卷,第44页)。

进行房地产生产,必须具备的生产要素是生产资料、劳动力和资金。生产资料由劳动对象和劳动资料构成。它是生产力中物的要素。劳动力是生产力中人的要素。在商品经济条件下,资金的循环运动是通过流通过程与生产过程的统一实现的。在一切商品生产过程中必须有垫付资金投入作为生产资本,资金同样是生产要素之一。

(一)生产资料

1. 劳动对象

所谓劳动对象,是指人们在生产过程中将劳动加于其上的一切东西。包括原材料和各种配套产品。

(1)土地 土地是进行房地产开发建设的基本劳动对象。土地作为劳动对象一般有三种情况:一是作为种植对象如农业、林业;二是作为采掘对象,各种矿产以及作为房地产建筑材料来源的采石场、砂场;三是作为房地产的开发对象即作为房地产产品(住宅、厂房等)的建筑地段。

(2)建筑材料 建筑材料是房地产生产的劳动对象。建筑材料可以分为主要材料和其他材料两类。主要材料是指在房地产生产过程中一次消耗掉并构成工程实体的原材料和构配件。如钢材、木材、水泥、石灰、砖瓦、砂石以及门窗、水池、预制梁、板、柱、楼梯等。其他材料是指建筑生产过程中必不可少但并不一次性消耗掉的材料即周转使用的材料如模板、杉槁、排木、脚手板等。

2. 劳动资料(劳动手段)

劳动资料又称劳动手段。是人们在生产过程中用于改变或影响劳动对象的形状、性质、位置所需要的一切物质资料和物质条件。包括建筑机械设备、工具、容器、仪器仪表、运输工具检验手段以及建筑构件生产品厂房和建筑工地搭设的工棚等设施。在劳动资料中,设备等生产工具起决定作用。

劳动资料是房地产生产建设必要的物质前提。从现代房地产生产的要求来看,能否把劳动对象转化为符合人类需要的房地产产品,在很大程度上取决于生产设备和工具发展的水平。劳动资料作为物的要素的重要内容,是人类支配与控制自然、创造物质财富的手段。

(二)劳动力

所谓劳动力是指人的劳动能力。即在生产过程中存在于劳动者身体中的体力和脑力的总和。人们在劳动过程中,按照一定的目的,运用自己的劳动能力(体脑力)借助于一定的劳动资料,作用于劳动对象,使之发生预期的变化,创造出适合人类需要的物质产品。劳动力是房地产生产的另一基本要素。劳动力通过使用和操作劳动资料,作用于劳动对象上,开发和生产出房地产商品来,用以满足社会生产和社会生活对房屋的需求。

邓小平同志指出:科学技术是第一生产力。科学技术的发展水平是社会生产力发展的决定因素。这是通过劳动者掌握和运用先进的科学技术从事生产劳动。在房地产开发建设中从"秦砖汉瓦"手工操作发展到现代化设计、机械化施工和新技术新材料的应用,使劳动生产效率大大提高。国家建设部提出住宅产业现代化即用现代科学技术加速改造传统的住宅产业,大幅度提高住宅建设劳动生产率,要求实现住宅建设的工业化、标准化,以提高质量和效率,降低消耗和成本。科学技术是第一生产力,是通过人,通过掌握科学技术的劳动者来实现。由此可见劳动力这个生产要素的含义,在当今已经不仅仅是具有普通劳动能力的劳动者,更重要的是具有掌握和运用科学技术知识进行现代化操作能力的劳动者。

(三)资金

社会主义社会是在公有制基础上,社会主义国家宏观调控下的社会主义市场经济,市场经济是商品经济的高级阶段。在以公有制为基础、多种经济形式并存的所有制结构中,劳动者与生产资料相结合的形式只能仍是一种间接的结合,劳动者的劳动也是间接的社会劳动。由于劳动者是利用公有的生产资料进行劳动,从而使社会主义的劳动者有一定的直接社会性因素。"现阶段社会主义劳动是一种带有直接社会性因素的间接社会劳动"(顾宝孚、汪永波统编《社会主义经济理论专题教程》第56页)。"这种间接社会劳动的实际存在,必须经过生产资料的直接占有者同意……才能和生产资料在生产过程中现实地结合起来"(同前)。"企业要进行生产经营活动,不仅需要一定数量的劳动者,而且要有厂房、设备、燃料动力、原材料等各种生产资料。企业所占有的各种设备和物资要以货币表现它们的价值,劳动报酬也要用货币来支付。这种以货币表现的由各企业支配的各种物资和财产,以及支付劳动者的劳动报酬,就构成企业资金"(王俊宜等编著《政治经济学》第446页)。可见,当前商品生产要素不仅仅是劳动力和生产资料,还要有资金。房地产商品的生产要素和其他商品一样,资金同样是其生产要素之一。劳动者只有在生产资料直接占有者(投资者)的同意下,才能与生产资料相结合,进行生产过程。

房地产商品生产过程中,在劳动者、生产资料和资金三种生产要素的结合形式上有不同于其他商品生产过程的特殊性。一般商品在生产过程中,三种要素结合是统一在一个主体(企业)之中,而我国房地产在生产过程中劳动者、生产资料与资金的结合,不是统一在一个主体之中,而是分属于建筑安装施工企业和房地产开发企业。前者是实际生产者,后者是投资者。从主体上说是生产者与投资者分离,从生产过程说,是两个主体,三种要素的结合。这一点是我国房地产生产要素结合的特殊形式。

我国房地产经济所有制结构是以公有制为基础,多种经济形式并存,这就决定了房地产投资结构多元化。既有国家投资,又有社会投资(含个人投资及引进外资)和信贷资金。由于房地产开发所需要的资金金额巨大,往往是除去少量自有资金之外,依靠信贷资金的投入。房地产生产过程中三种生产要素的结合是十分复杂的,三种生产要素往往不是同一时间掌握在同一的主体手中。三者的结合常常建立在合同关系的基础上,因而引发了一系列的经济关系。

三、房地产生产要素的配置

生产中所必须的各种要素又称为资源。一般来说,生产愈发展,人们对物质文化生活的需求也愈增长。从而使现实经济所生产出来的产品总是不能完全满足人们的需要。因此,与人们的需要相比,生产的产品总是有所不足。其原因就在于资源的有限性。资源的有限性又称资源的稀缺性。它表明,发展生产所需的各种资源条件相对于需要而言是有限的,稀少的。作为房地产开发建设的要素——土地及各种建筑材料由于需求量不断加大而愈益出现稀缺性。这就使房地产的开发建设面临合理配置生产要素的问题。

(一)房地产生产要素的两种配置手段

进行房地产商品生产和进行其他商品生产一样,各生产部门和各个企业之间都存在着密切的相互联系和相互依赖的关系。各个部门、各个企业都不能离开其他部门、其他企业而孤立实现生产和再生产。因此,客观上要求把社会劳动(包括表现为生产资料的物化劳动和表现为劳动力的活劳动)按照一定的比例分配到生产各部门去。作为进行房地产开发建设中的生产要素土地、各种建筑材料、建筑工人和资金同样需要借助一定的手段进行合理的分配。其中手段之一就是通过国家的计划调节、保持社会生产各部门之间协调比例关系,手段之二就是通过市场机制中的价值规律、供求关系和竞争机制来配置房地产生产要素。

(二)房地产生产要素市场配置的规律

我国现阶段的生产仍然是市场经济条件下的商品生产。价值规律是商品生产中普遍发生作用的规律。这一规律,必然要成为商品生产的调节者。这就是说,在以公有制为基础的社会主义市场经济条件下,社会劳动在各生产部门之间的分配,不仅要受计划发展规律的调节,而且同时必然要受价值规律的调节。

1. 价值规律

价值规律就是商品的价值由生产该商品的社会必要劳动时间来决定,价格是价值的货币表现,各种商品之间实行等价交换的规律。这就是说,市场上的供求关系对商品的调节作用是以价格机制的作用为基础。而商品价格的波动,又是以价值为轴心的。商品价格随着供求变化环绕着价值自发地上下波动,从而影响社会劳动在不同生产部门之间的转移,影响着各类商品生产的扩大或缩小。这一规律在房地产开发建设中的客观要求,要求作为房地产开发企业要根据社会对房地产商品需求量的变化来配置资源,合理地组织生产要素投入生产建设过程。加强管理,降低消耗、降低成本、降低价格、开发建设适销对路的商品房,扩大市场占有率,通过市场获得更多的资源配置。通过降低本企业单位产品的必要劳动消耗量,增加剩余价值,增加积累,实现房地产的扩大再生产。

2. 供求规律

供求规律是商品的供应总量必须与有支付能力的有效需求总量保持基本平衡,才能实现商品的使用价值和价值;随着供需关系的变化调整各类商品供需的数量,供不应求时,商品价格上涨,刺激供应,抑制需求,供大于求时商品价格下降,刺激需求,抑制供应,从而自发地调节资源配置,达到新的供需基本平衡。

在商品经济条件下,商品生产在生产使用价值的同时生产价值,使用价值是价值的物质承担者。二者是辩证统一的关系。只有通过交换,商品销售出去,使用价值为社会所承认,成为社会使用价值,价值才能实现。

为了使社会总产品的实现过程得以正常进行,必须使各种使用价值的生产同它们的需求之间互相协调,即必须按照社会需求的比例分配社会劳动。这是任何一个社会的再生产所共有的规律。这个规律指出,各个企业生产的产品是否适应社会的需要?生产的产品能否卖得出去？需要的产品能否买得进来？生产领域无法知道这些。只有在市场上才能见到分晓。因此各个企业总是时刻依据市场的需要情况来决定生产。而社会生产的比例也就是这样通过市场而自发地形成。供求规律要求商品生产者的生产数量、规模要以社会消费者的需求为基础。通过消费者的消费刺激商品生产者的生产经营行为。进行房地产的开发建设活动，同样也必然要受社会需求的制约。其发展速度和规模应以社会需求量为基础。既不能滞后于社会需求造成房地产商品供不应求，也不能发展过热过快造成商品大量积压，资金周转停滞。

应该注意的是房地产供需总量的基本平衡是指供应总量与有支付能力的有效需求总量的基本平衡，而不是与房地产的名义需求或潜在需求总量的基本平衡。由于房地产的价值大，在社会主义初级阶段还存在着房地产价格高，与职工工资收入低的矛盾。名义需求和有支付能力的有效需求之间存在着较大的差距，有效需求大大低于名义需求，如按照名义需求总量安排生产供应势必造成总量供大于求。但在以有效需求为基础来安排生产供应时，也不应忽略信贷等对有效需求的支持条件。通过支持条件的实现，部分潜在需要是可以变成现实的有效需求。必须全面考虑，通过计划与市场两种调节手段来配置房地产资源。

3. 竞争规律

竞争是商品生产者之间在市场中存在的一种经济关系。

在商品经济中，生产同一种商品的企业会有许多个。而这些企业从事生产和经营的主客观条件千差万别。个别的劳动时间也就千差万别。但是商品的价值不决定于个别的劳动时间而决定于社会必要劳动时间。商品的价格又随着市场供求关系的变化而变化。在这样的条件下，生产技术高、成本耗费低、产品质量好的生产者，必然在市场上占有优势。这样的企业所生产的商品市场占有率就高，销售额大，流回的资金多，用来购买再生产的资源也多。通过竞争机制把资源配置到效益好的企业中去，可用同样的投入获得更大的产出，发展生产力。而生产技术低，成本耗费大，产品质量差的生产者会处于劣势。这样就必然促使处于劣势的商品生产者尽快提高自己的生产技术，赶上先进者，否则就会从市场上被淘汰掉。由此说明，竞争是推动企业进行革新生产技术，提高产品质量、改善服务态度的外部压力。企业的素质在竞争中不断提高，从而使资源配置不断优化，不断地提高全社会的生产力。在房地产企业的生产经营活动中，竞争规律也是不可避免地要发生作用，同样通过竞争优化资源配置。

价值规律、供求规律、竞争规律，三者有机地结合在一起，构成市场机制。它们综合起来发挥配置资源的作用。计划与市场同是配置资源的手段。而市场配置资源，效率要优于计划配置。首先是通过供求规律，使资源配置到有市场需求的部门中，按需定产就会减少盲目生产，避免因生产社会上并不需要的商品所造成的资源浪费；其次通过价值规律，价值核算不断地降低生产中的资源消耗；第三通过竞争规律，使资源配置到效益好的企业中去，优化资源配置。反复运行就可以加速发展生产力。社会主义市场经济，要在社会主义国家宏观调控下发挥市场配置资源基础性作用的意义即在于此。

四、房地产的简单再生产与扩大再生产

马克思说："一个社会不能停止消费。同时它也不能停止生产。因此，每一个社会生产过程，从经常的联系和它的不断更新来看，同样也就是再生产过程"《马克思恩格斯全集》第

23卷第621页)。马克思告诉我们,再生产过程就是社会经济生活的不断运动过程。再生产过程的连续性就是通过这种不断的运动来实现,并通过这种运动表现出来。

社会再生产过程根据其生产规模的变化可以分为简单再生产和扩大再生产。所谓简单再生产,是指生产过程在原有规模上的重复。扩大再生产是指生产过程在扩大的规模上再现。简单再生产是扩大再生产的基础和出发点。扩大再生产则是在简单再生产基础上进行的。处理二者关系的一般原则是,首先要保持简单再生产的需要(包括人力、物力、财力),在这之后再进一步安排再生产中规模扩大部分的需要。

为了不断地满足国民经济发展和人民居住消费日益增长的需要,房地产同样要不断地进行简单再生产和扩大再生产,二者结合起来就是房地产的再生产过程。一般商品的再生产全过程都包括了生产、交换、分配、消费四个环节。房地产的再生产过程同样如此。通过开发建设建成房地产商品以后,进入交换过程出让使用价值换回交换价值,房地产进入消费过程。流通过程与生产过程统一,实现资金循环运动,从而得到价值补偿与实物补偿,进行房地产的再生产。

在计划经济体制下,住房实行实物分配,因而人们误认为房地产存在着独立的分配环节。住房制度改革以后,实行住房商品化政策,变实物分配为货币分配,把住房消费费用纳入工资,职工用货币到市场上购买或租赁住房。只有工资的获得是分配环节,不再存在住房的分配环节。因此房地产的分配环节是渗透在交换环节之中,并不能独立存在。

(一)房地产的简单再生产

房地产的消耗期长,但它毕竟有自然损耗与精神磨损,达到使用期以后房屋要倒塌消失。因此就要更新改造,拆除重建,以保证消费的需要,这就是房地产的简单再生产。房屋是由各种构件组装而成,各种部位的构件耐用的期限不同,在房屋的消耗过程中,不同的部位和构件需要维修更新,房屋修缮是房地产的局部再生产,也属于简单再生产。

房地产再生产对房地产开发企业来说,指开发建成的商品房售出以后,用所收回的资金再购买下一轮开发建设所需要的材料、设备和劳动力进行下一轮的房地产开发建设。作为微观的房地产开发企业必须保持不断地进行简单再生产,才能维持生存,在简单再生产的基础上,运用积累进行扩大再生产才能发展。

房地产再生产必须具备的条件是:从价值形态看,只有在前一个生产过程中开发建设的房地产售出或租出,收回垫付的资金,至少要收回成本,实现价值,得到价值补偿,才能为下一个生产过程提供所需要的生产资金;从实物形态看,在前一个房地产开发建设过程中消耗掉的活劳动和物化劳动(材料、设备等生产资料)必须得到实物补偿,才能为下一个生产过程提供除资金以外的其他资源。以上两个方面如果任何一个方面不能实现,房地产的简单再生产就不可能继续进行下去。其中关键是必须实现价值补偿,即流通过程与生产过程统一实现资金的良性循环运动。在商品经济条件下,价值经常以货币形态和商品形态不断地变化,有了再生产的生产资金就可以购买生产资料和雇用劳动力从事再生产。微观房地产开发企业不仅必须重视资金的循环运动,还要重视资金周转的速度。资金周转得愈快,再生产的周期愈短,获得的经济效益愈大。

(二)房地产的扩大再生产

社会主义的生产目的是"保证最大限度地满足整个社会经常增长的物质文化需要"。社会主义劳动是在生产资料公有制基础上的一种带有直接社会性的间接社会劳动,是低级形式的联合。一般都是两个层次的劳动者与生产资料相结合。最基本的是在企业中的结合。企业是社会主义经济的细胞。"社会主义生产过程是生产使用价值的劳动过程和价值产品创造过程的统一,作为使用价值,可以满足社会消费的物质需要;作为价值产品,可以实现社会消费的购买力,即从价值形式上使支付能力得到满足。""社会主义基本经济规律则可表述为:以尽可能少的劳动耗费生产出尽可能多的价值产品,以满足整个社会的需要"(顾宝孚、汪永波统编《社会主义经济理论教程》第58页)。"作为商品生产者,其生产目的不是为了使用价值,而是为了价值……所以价值生产是商品生产者的直接目的"(同书第58页)。可见,社会主义经济是以扩大再生产为特征的,而且应该是稳定、持续的扩大再生产。实现扩大再生产必须具备的条件是,企业的纯收益必须有一部分资金积累起来,加大再生产的资金投入,使生产规模在原来的基础上扩大。

在社会主义经济中,代表剩余产品的那一部分剩余价值与资本主义的剩余价值性质有质的不同。资本主义的剩余价值是资本家剥削工人发财致富的来源;社会主义消灭了雇佣劳动,工人阶级创造的剩余产品价值,除一小部分作为劳动者的报酬进行分配外,大部分用作全社会的发展资金。社会主义扩大再生产主要依靠剩余价值的积累。剩余产品价值体现在企业的纯收入即企业的盈利中。在其他条件相等时,企业的盈利越多,积累的可能性就越大。扩大再生产的规模就越大,而增加企业积累的根本途径首先是依靠科学技术和加强企业管理,由粗放型转为集约型,提高企业经济效益。

房地产扩大再生产有两种方式,一种是外延扩大再生产,另一种是内涵扩大再生产。

1. 外延式扩大再生产

所谓外延式扩大再生产,是指单纯依靠增加投入生产要素的数量即依靠增人、增资、增投料,扩大生产场所来扩大生产规模。具体到房地产外延式的扩大再生产,主要表现为依赖国家增加投入,增加房地产数量。这种粗放型外延式的扩大再生产受国家财力的制约。规模和速度都有一定的限制,难以满足日益增长的社会需要。

2. 内涵式扩大再生产

所谓内涵式扩大再生产,是指生产规模的扩大依靠生产技术的进步、依靠生产要素质量的改善、依靠提高活劳动和生产资料的效率而取得。

随着我国社会生产力的发展和提高,房地产开发企业将逐渐由外延式扩大再生产的方式向内涵式扩大再生产的方式转变。以房屋建造过程中的新技术代替落后的工艺操作方法,用先进的施工机具武装建筑队伍,增加技术的含量,不断培训建筑工人和经营管理人员,同时加强企业管理,进行科学的预测和决策,转变经营机制,全面提高企业职工的素质。通过提高劳动生产效率,提高质量、降低消耗,增加企业经济效益,实现集约型内涵式扩大再生产,这是今后房地产扩大再生产的主要途径。

第二节 房地产的流通过程

房地产的流通过程,就是指房地产业的产品进入市场,通过交换过程实现其使用价值和价值的过程。这个过程是沟通房地产生产与消费环节的桥梁和纽带。房地产商品生产的目的,也只能通过流通过程才能实现。

房地产的流通过程包括两个阶段。一个阶段称为购买阶段。它是指房地产企业用货币资金购买建筑地段（土地使用权出让）和建造房屋商品的生产资料并支付建筑工人的工资。这个阶段是房地产开发企业为进行房地产生产做准备的阶段。另一阶段是销售阶段，即房地产企业将生产出来的商品——房地产销售出去，以实现房地产商品的价值。

一、房地产交换的特点

房地产作为商品进入流通领域后，与其他商品进入交换时一样，必须遵循价值规律的要求进行等价交换，实现商品和货币形式的转换。

作为房地产的商品具有和其他商品不同的特点，它表现在四个方面：

（1）房地产是不动产，在流通过程中不能移动，不发生"物流"，受地域性限制很强；

（2）投入在房地产中的劳动耗费量巨大，因此决定了房地产商品的价值量大，价格昂贵；

（3）房地产商品比其他商品的耐用性强，使用价值的消耗周期长；

（4）由于房屋的价值高，使用价值极大，为此需要进行维修、保养的费用相对于其他商品也较多。

由于以上这些房地产商品自身的特殊性，就决定了房地产商品在市场上进行交换时所具有的特点。特点之一，房地产商品的价格昂贵，销售时需要消费信贷的支持，或者由消费者分期付款。特点之二，由于房地产商品价值量大，消耗期限长，决定了房地产商品的交换形式，除一次性销售外，还可以出租的方式出现在市场上。恩格斯指出："大家知道，出卖商品就是所有者交出商品的使用价值，而取得它的交换价值。各种商品的使用价值互相差异的地方，就是还在于消费它们所需要的时间的不同。一个大面包一天就吃完了，一条裤子一二年就穿破了，一所房屋要几十甚至百年才住得坏。因此，对消耗期限很长的商品，就有可能把使用价值零星出卖，每次有一定的期限，即将使用价值出租"（《论住宅问题》《马克思恩格斯选集》第二卷第531～532页）。

二、房地产交换的形式

（一）土地征用与土地使用权的划拨、出让和转让

土地是人类赖以生存的物质基础，是一切生产和生存的源泉，更是房地产开发企业重要的生产资料。我国《土地管理法》规定："中华人民共和国实行土地的社会主义公有制，即全民所有制和劳动群众所有制。"并规定："国有土地可以依法确定给全民所有制单位或者集体所有制单位使用，国有土地和集体所有的土地可以依法确定给个人使用。"以上这些都从法律上保障了土地所有权的性质，并且明确规定了土地所有权与土地使用权在我国是可以分离的。按照《城镇国有土地使用权出让和转让暂行条例》规定国有土地的使用权可以依法出让和转让，从法律上明确规定土地的使用权可以商品形式进入流通。

1. 土地征用

土地征用是指国家为了公共利益的需要，依法将集体所有的土地有偿转为国有的措施。

土地征用具有三个方面的特征：

其一，土地征用具有一定的强制性。国家代表全民的利益，依照法律规定征用集体所有的土地，"被征地单位应当服从国家需要，不得阻挠"（《土地管理法》第二十三条）。

其二，土地征用是土地所有权的转移。也就是集体所有的土地变为国有土地。"国家建设所征用的集体所有的土地，所有权属于国家，用地单位只有使用权。"

其三,土地征用必须妥善安置被征地单位群众的生产与生活。即征用土地时,用地单位要按规定向被征地单位支付土地补偿费和安置补助费。这就是说,国家征用土地必须实行有偿征用。

从上述特征分析,土地征用,实质上是以国家为特定的买方,向集体用支付土地征用补偿费和安置补助费的形式,带有强制性地购买土地的土地交换行为。

2. 土地划拨

土地划拨即土地使用权的划拨。是政府从国有土地资源中,依法按计划划拨一定数量的土地给全民所有制单位或者集体所有制单位和个人使用的措施。土地使用权划拨后,土地所有权仍归国家,用地单位和个人只有使用权。使用土地的单位和个人,有保护和合理用地的义务。土地划拨是用计划配置土地资源的一种方式。

3. 土地使用权的有偿出让和转让

(1) 土地使用权出让。国有土地使用权出让,是指国家以土地所有者的身份将一定年限的国有土地使用权转移给受让人,受让人为此支付土地使用权出让金的行为。我国《城镇国有土地使用权出让和转让暂行条例》中规定:土地使用权的出让,由市、县人民政府负责,有计划、有步骤地进行。

国有土地使用权出让,实行土地的有偿有期限使用。实质上是国有土地在所有权不能转移的条件下,对土地由其所有者国家进行一定期限的批租行为。土地出让金实质上是地租。国有土地出租应该有两种形式。一种形式是预付一定时期的地租即土地使用权出让;另一种形式是分期支付地租,即按年或按季向使用人收取土地使用费。

国有土地使用权出让的数量、位置、价格均由国家确定,国有土地使用权市场是国家垄断的市场。由于土地使用权出让是第一次交换活动,因此土地使用权出让市场称为土地一级市场。

(2) 土地使用权转让。国有土地使用权转让:是指土地使用者将土地使用权再转移的行为。

取得土地使用权的使用人,在合同有效期内,将其所使用土地的全部或一部减除已使用期限后下余使用期间的使用权有偿转让给第三人。受让人承担原使用人在合同中规定的全部权利和义务。只是土地使用人变更了。土地使用权转让实质上是土地的转租行为。

土地使用权转让有两种形式。一种是以土地的形式转让,即土地使用人在取得土地使用权以后,并未在土地上进行房屋开发建设,仍以土地的形式(包括已开发或未开发的土地)转让其使用权。其中对未经过任何加工时隔一段时间,就转让土地使用权的,往往因土地增值而获取巨额利润,具有较大的投机性。俗称"炒地皮"。另一种是以房屋的形式转让土地使用权。即在取得使用权的土地上开发建设房屋,然后通过出售、出租房屋,连同土地使用权一并转移。土地使用权转让的方式有多种多样。有的直接将土地使用权"售出";有的采用以土地与第三人合作建房分成;有的以地作股与第三人合营企业盈利;有的建房出租,在房租包含地租等等。无论用任何形式、任何方式转让土地使用权,都是把土地使用权作为商品进行再转移的交换行为。它也是第二或第三次交易,因此土地使用权转让市场称为土地的二级市场或三级市场。土地的二、三级市场是在民间进行,它是开放的自由市场。

由于土地价值有级差性、辐射性和增值性,土地价格随着经济发展、社会进步与日俱增。土地增值是推动土地使用权不断转让的一个重要因素。土地增值的原因有二:其一是增加土地投入，变"生地"为"熟地"因而地价增加；二是由于社会经济发展，使原来处于偏僻地区的土地变成经济繁荣的地区，因而土地增值，地价升高。增值的重要原因是后者。这种土地的自然增值是形成土地投机的动因。自然增值部分应该归全社会所有，而不应为出让者个人所占有。因此土地使用权转让收益分配是一个复杂的问题。原则上转让收益属于个人增加投入所产生的经济效益应归转让人所有外，属于自然增值部分应以增值税的形式收归国家所有。

(二)房地产的买卖、租赁和互换

1. 房地产(房屋)的买卖

房屋的买卖就是商品房的销售。是指房地产的开发经营公司将该公司所建造的商品房(包括住宅和非住宅)以市场价(包括商品房成本、利润、税金等)出售给企事业和城镇居民，全部以人民币现金进行结算。

通过房屋的买卖行为，房屋所有权人交出房屋永久的使用价值，取得它的交换价值；而购房人则通过一定的货币支出，取得房屋的使用价值，使房屋进入消费阶段。

房屋买卖有以下几个特征：

(1)房屋的所有权与使用权同时转移；

(2)卖方交出房屋的永久使用价值，换回全部交换价值；

(3)经过交换后，房屋才进入消费领域，流通过程与消费过程分离；

(4)经过交换，房屋的实物形态立即变为价值形态。

2. 房地产的租赁

由于房地产市场需求多层次的存在，房地产价格与消费者收入高低的比例不同，存在一定矛盾，房屋的交换形式不只是买卖行为，还可以采取另一种交易方式，这就是租赁。适应消费者不同的支付能力，一般情况下只能是收入多的买房，收入少的租房。

房屋出租是指房屋的所有权人交出房屋的暂时使用权，收取一定的租金，以逐渐收回其价值的经济活动。

与房屋出售相比较，房屋出租具有以下几个方面的特点：

(1)房屋出租只转移房屋的暂时使用权，不转移房屋的所有权；

(2)出租人交出一定时期的房屋使用价值，分期逐渐地收回房屋的价值与利息；

(3)房屋出租经过多次交换，房屋边交换、边进入消费领域，流通过程与消费过程统一；

(4)整个流通过程结束，房屋才从实物形态转变为货币形态。

3. 房屋的互换

房屋的互换即房屋的使用权互相交换俗称"换房"。它是指房屋的使用者基于不同的需求，在征得所有人的同意下，经交换双方或多方协商一致，互相交换房屋的一种活动。换房包括住房之间的互换和住宅与非住宅间的互换；也包括公产、单位产和私产之间的互换。换房是从同是公产房屋间使用权的互换开始的，进而发展到不同所有者之间的房屋互换。

多少年来，房的互换多着眼于使用价值的因素，一般是和工作地点的远近、照顾老人和子女以及住房改铺面房等原因相关。近些年由于住房逐渐商品化，价值规律的作用，差价换房应运而生。等价的换房各取所需，不等价的换房搭钱搭物。在实践中出现了在危房改造中对已取得使用权的拆迁户给予货币补偿；在房改出售现住公房的职工给予5%的优惠；在市场中出现公房置换，交旧作价，添价买新。实践中提出了一个问题：使用权有无价值？在认识上存在分歧。持肯定观点的认为买新房是买所有权和使用权两种权利;买现住房是已经取得了使用权,只买所有权。而使用价值的实现主要表现在实际占有和使用上,因此购买两种权利与购买一种权利在价格上应有所不同。而且市场上房地产的交易都是权属交易。不同的权属应有不同的价格,主张赋与使用权以价值。也有人认为在经典著作上,恩格斯也讲过"把使用价值零星出卖,即将使用价值出租。""在住宅问题上有相互对立的两个方面:承租人和出租人或房主。前者想从后者那里买得住宅的暂时使用权"(《马克思恩格斯选集》第二卷第473页)。有人认为土地使用权可以有偿转让,房屋如果是用批租形式取得使用权,同样也应该准于在租约规定的期限内准予有偿转让其下余使用期限内的使用权。持否定意见的认为房屋买卖只限于所有权,使用权只能是房屋租赁。价值只能是由建造房屋所耗用的必要劳动时间决定,劳动是创造价值的唯一源泉,使用权不存在劳动过程,不存在价值。房屋的交换形式只存在买卖与租赁两种形式,不存在使用权买卖的形式。如果赋与使用权以价值,除租金之外即将产生"进门费""兑底费"等已经被取缔的中间剥削,会搞乱交易秩序。在价格双轨制条件下,差价换房中体现价值的使用权究竟是"物权"还是"债权"?不是"物权"就不能进入交换。使用权存在不存在价值还是当前理论争论的问题。但有一点可以肯定,就是"差价"之所以产生,是由于市场价格与计划价格(低租金)之间存在着价差。如果理顺了价格关系,计划价格与市场价格并轨或接近时,这种差价就自然而然地趋于消失。更有趋向表明,随着住房制度改革的深化,实行住房商品化的政策,住房将逐步成为完全的商品形态,有偿换房这一活动将会被买房所替代或部分替代。

三、房地产分配与交换的关系

(一)分配是社会再生产过程中一个环节

社会再生产的全过程是由生产、交换、分配和消费四个环节组成的统一过程。在劳动力与生产资料相结合的物质生产过程中,劳动者付出了劳动,相应取得劳动报酬,分配到劳动产品的一部分,即 V 和 m(工资和剩余产品价值)中与个人付出劳动相对应的份额。分配环节中劳动者所得到的份额构成了劳动者的家庭收入,形成了消费支付能力,再用货币去购买商品从而形成交换环节。通过交换把消费资金转化为再生产的生产资金,投入再生产。因此分配环节是社会再生产全过程中的一个重要环节。

不同的生产方式分配的性质不同。资本主义社会,生产资料为资本家所占有,是以生产资料私有制为基础。劳动力作为商品,劳动力与生产资料相结合的社会形式是雇佣劳动制。劳动力是资本家买来作为他生产剩余价值的工具或手段。在这种生产方式下只能是按资分配,劳动者所得只是维持生存所必需的物质资料。社会主义社会消灭了雇佣劳动制度,是在生产资料公有制基础上劳动力与生产资料相结合的联合劳动。尽管在社会主义初级阶段还不能实现全社会直接的联合劳动,但由于是建立在生产资料公有制的基础上,间接劳动已经带有直接劳动的性质。劳动者所创造的价值除劳动报酬之外,也还存在着剩余产品价值,但是剩余价值已经不是由私人占有,主要是作为社会的资金积累,用于发展经济。因此个人所得只是与其付出劳动的质和量相适应的部分,基本上不占有非劳动的剩余价值。因此,公有制必然带来公平的分配原则,实行按劳分配,这是社会主义制度决定的,也是与资本主义制度分配性质上质的区别。然而社会主义的分配环节同样是社会再生产过程中的一个重要环节。

国民收入分配分一次分配和再分配。一次分配是劳动者参与生产劳动所获得直接分配的工资和奖金,因此一次分配也称为直接分配。国民收入再分配指国家通过税收把国民收入的一部分集中上来作为财政收入,然后再通过财政预算,分配到国家各项建设项目和社会福利事业中去,间接分配到劳动者手中。例如教育基金、社会保险基金等使人民享受义务教育和社会劳动保险与医疗、养老保险等。因此,国民收入的再分配或二次分配也称为间接分配。一次分配是有形的,是人们直觉感受到的,而二次分配往往是无形的,是人们不能自觉感受到的,也是常常被人们所忽视的。但是无论一次分配和二次分配都实实在在地构成家庭收入的组成部分,都是支付能力的实现。

(二)在计划经济体制下,房地产再生产过程存在着分配环节

在计划经济体制下,房地产无论是用于生产资料或消费资料都不作为商品,基本上排斥在商品生产、商品交换的商品经济运行之外,基本上没有流通环节,而是作为产品生产、产品分配的产品经济对待。国有土地实行无偿、无限期地使用,用行政手段划拨;住宅和非住宅都是通过国家或国有企业用行政手段分配,收取象征性的低租金。特别是住房,由于长期以来我国实行低工资、广就业的劳动政策,在工资构成中基本上不含至少是没有含足住房消费费用,因而只能实行用行政手段无偿分配,住房实际上成为货币分配(工资)之外的实物分配。在这种特定的历史条件下,房地产的再生产过程中就存在着独立的分配环节。

(三)在商品经济体制下,房地产分配渗透在交换的环节之中

自从1988年我国进行住房制度改革,实行住房商品化政策以来,逐步变住房的实物分配为货币分配,即把职工住房消费费用逐步加入到工资中去,同时把住房投入消费品市场逐步实行等价交换。职工用一次分配的工资,用货币到市场上购、租住房,从而取得住房的所有权或使用权。在新的体制下,分配环节只限于工资分配和国民收入的再分配,房地产再生产过程中就不再存在房地产分配的独立环节,而是渗透在货币与商品房交换环节之中。如果在新体制下仍然认为房地产的再生产过程中存在着独立的分配环节,就会陷入认识上的误区。房地产的再生产过程是由生产过程、流通过程和消费过程所组成。分配环节已经渗透在交换环节之中。这是在商品经济条件下,房地产再生产过程中分配与交换关系的特殊性。

四、房地产市场

房地产市场是在我国近十几年来改革开放不断深化的过程中,伴随着我国土地使用制度与住房制度重大改革而发展起来的。十几年来房地产市场发展的实践证明了它是我国统一的社会主义市场体系的重要组成部分。

(一)房地产市场的概念

古语"日中为市",意思是到了中午大家都到一起来交换物品。从字义上解释,"市"就是交易,"场"就是场所,商品交易的场所就称为市场。市场的概念有狭义与广义之分,狭义的市场概念:市场是指商品交易场所;广义的概念:市场是商品交换关系的总和。房地产市场也分为狭义的概念和广义的概念。狭义的概念:房地产市场是指地产交换的场所;广义的概念:房地产市场是指房地产产品交换关系的总和。房地产交换涉及方方面面的经济关系,十分复杂。主要的有以下几个方面:

1. 供需关系

房地产市场能够保持持续健康的发展,最基本的条件是房地产的供需总量保持基本平

衡。供不应求则房地产短缺;供大于求则造成房地产过剩、滞销、积压。

2. 价格与收入水平的关系

供需总量平衡是指市场实际供应量与有支付能力的有效需求量的平衡。房地产的价格与居民收入应保持一定的比例关系。国际惯例是房价与家庭年收入的比,保持在1∶3～6的比值以内,如果大于这个比值,则有效需求不足,房地产销售不畅。

3. 销售与金融信贷关系

由于房地产的价格高,往往靠职工的积累难以一次性支付房价,势必要有金融信贷的支持。而且在供求关系发生变化的时候,金融信贷是调节的杠杆。在供不应求时信贷投向应向供应方倾斜,增加供应量;在供大于求时信贷应向需求方倾斜,增加有效需求。

4. 竞争与资源配置的关系

发挥市场配置资源的基础性作用,必须具有平等竞争的条件。如果失去平等竞争条件,就不可能充分发挥市场配置资源的基础性作用。企业能否真正割断与国家机关的"脐带",是能否实现平等竞争的关键。

5. 政府政策与市场机制的关系

政府政策对于市场行为的影响极大,如住房(房改)政策、金融政策、税收政策、工资政策等均影响到市场交易行为。

上述这些经济关系若不能理顺,势必制约房地产市场的健康发展。因此从房地产经济学角度上看,以房地产市场的广义概念更加全面,更具有科学性。从事房地产市场管理和研究,也要从广义概念出发。

(二)房地产市场的构成要素

房地产市场的形成必须包含以下几个要素:

1. 客体要素

所谓客体要素,就是要有可供交换的房地产商品和劳务服务。如已经开发的建筑地段和未开发的毛地,房屋商品(含工厂厂房、商业用房、机关办公用房以及居民住宅等),劳务服务建筑安装,房屋修缮和装饰、物业管理以及中介服务等。因为市场本身就是商品交换的产物,如果没有商品,就不能形成市场。

2. 主体要素

就是指参与房地产商品交换的卖方和买方。商品交换活动是由人来进行的,有卖有买才能形成市场。有了房地产商品,也就有了商品的卖方,这就是房地产商品的生产经营者(房地产开发公司、房地产经营公司、建筑工程公司、装饰公司、中介服务公司等),对房地产商品需求的一方即买方,这一方就是房地产消费者(可以是单位实体(如事企业),也可以是居民个人)。缺少任何一方主体要素都不能构成房地产市场。

参与房地产市场交易的有企业和个人。但房地产市场竞争的主体则是企业而不是个人。因为房地产的价值大,从事房地产开发经营需大量的资金,一般不是个人能力所及的。而且市场配置资源的功能,主要是通过竞争把资源优化配置到经济效益好的房地产企业中去,而不是个人。因此房地产市场的主体主要是房地产企业。如果不能实现政企分开,形不成真正的房地产企业法人,则房地产市场实际上也就不是完整健全的市场,也不能充分发挥市场配置资源的基础性作用。

3. 媒体要素

媒体是指使房地产商品达成交易行为所必须具备的媒介。其中有两个主要内容：一是价格；二是中介。因为买卖双方是两个不同的商品货币所有者，只有自愿互利，价格为双方都能接受，房地产交换才能完成。由于房地产具有固定性，在流通过程中不发生"物流"，只发生"权属流通"。买卖双方不能像其他商品一样摆在柜台上，当面看货议价。而需要中介机构，沟通信息。因此，在供需总量保持基本平衡的条件下，发展房地产中介环节，则是保证市场繁荣的关键。

（三）房地产市场的结构体系

房地产市场是我国社会主义市场体系中的一个组成部分。而房地产市场这个子系统本身又构成一个相对独立的多方位市场体系。房地产市场体系的构成，可按照以下不同的方法划分：

（1）按市场交易的层次划分，分为三级市场。一级市场是由国家垄断的国有土地使用权出让的市场；二级市场是由土地使用权受让者转让使用权的市场；三级市场是土地使用权的再转让的市场。房屋买卖如是一次交易即一级市场，但也存在着再转让的二、三级市场；房屋租赁，一般是买房后再出租，因此是二级市场。但与房屋买卖的同时，土地使用权即随之而转让，因此它也是土地的二、三级市场。

（2）按市场交易的标的物划分，分为房地产商品市场。包括房地产消费资料市场、住宅市场；房地产生产资料市场，地产与非住宅市场；建筑器材市场；建筑工程机械、仪器仪表、建筑材料、建筑构件等市场；房地产金融市场：房地产信贷、有价证券、抵押、典当等市场；房地产劳务市场：建筑安装、维修装饰、物业管理等市场；技术市场：房地产鉴定、设计、新技术、新工艺、新材料、质量监督等市场；信息市场：中介信息服务、代理经营、评估、法律咨询等市场。

（3）从房地产交易场所划分，分为有形市场（固定市场，有市有场）；无形市场（社会这个大市场，有市无场）；国内市场和国际市场。

（4）从房地产交换形式划分，又分为房地产买卖市场，房地产租赁市场和房地产置换市场。

房地产市场体系中的各个结构组成部分是互相联系、互相作用的。彼此之间有着密切的联系。其中最主要的划分方法是按照交易标的物划分方法形成的房地产市场链，每个环节环环相扣，缺一不可。它们相辅相成，互相渗透。

（四）房地产市场的功能

房地产市场的功能，也是房地产市场的作用。房地产市场的作用，是指房地产市场在社会主义统一市场中所发挥的作用。

1. 资源配置功能

从房地产业中观经济看，房地产生产资料劳动力和资金是房地产生产要素，也是构成房地产开发建设所必须的资源。房地产开发企业对于这些资源是通过市场买进而取得的。技术先进管理水平高的房地产开发企业，它的商品市场占有率就高，销售额大，利润额也大，他就有可能用更多的积累，通过市场购得更多的资源从事扩大再生产。这就体现市场配置资源到经济效益好的企业中去的作用。

从宏观经济看，房地产业与其他产业部门的产量、产值是按照一定比例有计划地进行生产，各种资源也是按照生产规模按比例配置。各种商品包括第一部类的生产资料和第二部类的消费资料都是通过市场交换、供求关系而决定它的供应量。市场经济是以需定产，这就使各种资源的配置能够适应市场的总需求,最大限度地避免浪费,使各种资源配置比例适当。这是房地产市场作为社会主义统一市场中重要组成部分,市场在宏观经济资源配置中所发挥的基础性作用。

2. 需求引导功能

房地产市场中的住宅商品是居民家庭消费品之一。住宅既是人类居住的基本需要,也是人类向更高层次享受和发展的需要。人类的物质和精神生活的逐步提高,必将引发居住消费的提高,也就是要逐步提高居住消费在家庭全部消费支出中的比重。通过房地产市场,理顺房地产交换的各种经济关系,就可以最大限度地实现房地产交易额。就可以引导家庭消费结构合理化,使住房消费占家庭总支出合理的比例份额。家庭的住房消费支出增大了,住房在社会消费品零售总额中所占的比例就加大了,社会的消费结构就引导向合理化发展。就可以解决目前住房的消费量很大,而占用的住房资金量很小,通过交换转化成为房地产再生产资金很少,形成生产结构或产业结构不合理的现象。市场在消费结构合理化导致逐步实现产业结构合理化方面发挥着重要的引导作用。

3. 利益分配功能

利益分配功能是指在房地产经济运转过程中协调有关各方的利益关系。主要是靠市场对价值规律的自觉运用对房地产价格机制进行调控,从而调节商品生产经营者与消费者的经济利益的分配和再分配。在旧体制下,住宅和非住宅都实行低租金制,造成一方面房地产业不能实现以租养房,导致政策性亏损;一方面其他工商业把低租金与市场价格的差额作为他们的经营利润,其他行业侵占了房地产业的利益。在行业之间形成分配不合理。规范化的市场形成合理的房地产价格,通过价格杠杆就可以发挥合理分配利益的功能。

(五)房地产市场的机制

市场经济最基本的特征是市场机制调节经济活动。

机制一词原指机器的构造和动作原理,后引申到生物学和医学中指有机体内部各个器官之间的相互联系、作用和调节的方式。这里的市场机制,则是指市场中的价格、供求、竞争等规律之间相互作用而形成对经济活动调节的一种机制。这种经济机制作用的结果能够自动驱使供求关系的平衡,并使价值核算的规律普遍应用,促进提高企业经济效益,发展生产力。

1. 价格机制

价格是商品价值的货币表现。市场上商品价格不是一成不变的。商品价格的波动,是以商品价值为轴心的。商品价格随着供求变化环绕着价值轴心上下波动。这种波动是一种经济信号,构成经济形势的晴雨表。同时价格的不断变动,还是经济利益的分配和再分配的有力杠杆。价格的波动,能够诱导商品生产者和消费者的经济行为。价格机制是市场机制的核心。它具体表现为供需关系是商品价格形成的机制;价格的上下波动又影响着供需关系的变化。

2. 供求机制

供应与需求是市场的一对基本矛盾。它们分别是矛盾着的两个方面。在市场这个统一体中相互联系,相互依存,缺一不可。供应方与需求方在一定时期、一定阶段内在市场上形成供求关系。这种供求关系也常常发生变化,变化的原因由诸多因素引起,其中是以价格的变化为基础。一般地说,市场供给与价格成正比,市场需求与价格成反比(也有例外情况)。供应影响价格,并通过价格机制影响生产者的生产规模和消费者的消费选择。具体表现为当供大于求时价格上升,刺激生产供应;反之当供不应求时,价格下降,刺激需求,抑制生产供应,如此反复运作,调节供需关系自发地保持供需总量基本平衡。

3. 竞争机制

竞争是在同一市场中同类商品的商品生产者和经营者之间必然发生的经济关系。竞争行为主要发生在同类产品或可替代产品的生产者和经营者之间。市场竞争的主体是企业、生产者和经营者之间的竞争,主要指生产、经营企业间的竞争。竞争的手段,在同一生产部门内主要是价格竞争,商品生产者力图以较低廉的价格战胜对手。同时还采取广告、售后服务等营销手段进行竞争。在不同部门之间的竞争主要 是资金和劳动力的流入或流出。竞争的结果是优胜劣汰。竞争机制与价格机制、供求机制共同作用在房地产市场中。在商品经济条件下,商品生产者和经营者受利益原则驱动,在竞争机制作用中,必然使价值核算即经济核算得到普遍地应用,从而不断提高企业素质,力争以较少的投入获得较大的产出,从而在竞争中立稳脚跟,求得发展,从而不断地促进全社会提高生产力。

(六)房地产市场与宏观调控

1. 宏观调控的必要性

调控即调节与控制。宏观调控是由实施调控的主体——政府对调控对象——房地产市场运行中偏离正常状态的状况进行调整,使之按正常轨道运行,以达到一定目标。

宏观调控根源于市场经济赖于建立的社会化大生产这一物质基础的客观要求,其直接依据是市场机制自身的缺陷。市场机制在社会资源的配置中虽然有很多优点,但也存在不可克服的缺陷。其主要表现是(1)市场调节受局部利益的驱动,会带有一定的盲目性、自发性和投机性,容易导致无序和混乱。(2)市场调节具有短期性,难以适应中长期的发展规划要求。(3)市场调节难以适应大型的建设项目。

(1)盲目性。人们看到房地产开发的资金回报率高,是发财致富的良机,视作"一块肥肉",驱之若鹜,争相盲目上项目。而对房地产市场供需总量发展走势并不甚了解,以致经常发生一哄而上,供大于求、生产过剩的问题。目前一般商品住宅空置量加大的问题就是盲目性造成的,严重影响房地产市场的持续发展。

(2)投机性。表现在"炒地皮""炒房地产"上。使房地产价格扶摇直上,形成价格与职工收入的矛盾。也是人为地缩小了房地产的有效需求。

(3)个人利益与整体利益,眼前利益与长远利益的冲突,导致许多非法经营现象。例如变象倒卖公有房地产谋取私利,导致国有资产流失;为了占有有利地理位置的土地,占而不用,拆而不建,影响社会效益;以及在交易过程中质量低劣,言而无信,虚假广告,逐级"地下交易"隐价瞒价等行为造成交易秩序混乱,影响消费者利益。

(4)一些重大的建设项目如三峡建设工程、天津东站建设工程和当前大规模的安居工程,都不是单一靠市场调节就能够完成巨大任务的。

因此在发挥市场配置资源基础性作用下,还必须由国家进行宏观调控。在宏观调控下发挥市场机制作用是发挥两种调节手段的两个积极性,也是我国社会主义市场经济的特色。房地产市场的宏观调控是完全必要的。

我国的房地产业形成较晚,房地产市场刚刚起步,还很不规范,不成熟。在房地产市场整个运行过程中还存在诸如上面提到的许多问题。十分需要国家通过对房地产市场的宏观调控来促进房地产市场的正常发育,从而促进我国大市场体系的完善和发展。

2. 宏观调控的基本职能

(1)宏观调控基本职能之一是集中必要的社会力量解决全局性的重大经济建设问题,从而比较迅速地优化重大经济结构和生产力布局。

(2)宏观调控基本职能之二是合理确定社会经济发展的战略目标和方针政策,保证市场经济的发展方向,保证房地产业的发展。

(3)宏观调控基本职能之三是增强经济的法制建设,建立规范化的市场秩序,保证房地产市场经济的正常运行。

(4)房地产市场宏观调控的首要职能,应该是加强信息指导,保持房地产供需总量的基本平衡,保证房地产市场持续、稳定、健康地发展,使房地产经济在国民经济中按比例发展。

实现房地产市场宏观调控的重要条件是建立房政、地政统一、房地产再生产全过程统一和房地产行业统一管理的房地产市场权威性的管理机构。

3. 处理好计划与市场两种调节手段的关系

计划调节与市场调节是在以社会化大生产的基础上的商品经济中资源配置的两种不同的手段。它们的职能都在于调节国民经济的运行,使资源得到合理配置。二者之间的区别在于调节主体和调节方式的不同。

计划调节的主体是社会主义国家,是政府。政府采取经济的、行政的、法律的手段来调节国民经济的总量和结构,引导国民经济的增长和发展;市场调节的主体是企业,在市场活动中通过供求竞争、价格波动、生产要素资源配置等环节,调节企业的经济行为和进行整个社会的资源配置。

计划调节与市场调节代表着两种不同的调节力量,是供人们选择使用的两种经济调节手段。然而二者之间不是对立的相互排斥的关系,在我国社会主义初级阶段的商品经济中,这二种调节手段应是结合使用的,以适应国民经济运行的需要。

当前在我国一方面社会分工逐渐向高度细密发展,生产社会化程度提高所带来的经济交往日趋频繁与扩大,经济关系日益复杂,市场走势瞬息万变。要求在微观上为企业经济实体提供有效的经济活动空间,灵活通畅的交往渠道以及对其经济行为的自我发展自我约束的机遇。市场机制恰恰是适应这些要求的适当组织形式。另一方面,社会分工的发达,社会化程度很高的现代经济,对于总量平衡的结构平衡提出了很高的要求,客观上要求有一个社会中心采取必要的手段,在客观上对国民经济实行调控,具体就表现为政府对国民经济的计划调控和引导干预。

总之,充分发挥计划调节与市场调节两种手段的长处而避其短处,是正确认识和处理市场与计划调节的关系,搞好市场与计划相结合的关键。计划与市场作为调节手段进入社会经济生活,是现代社会生产力发展的必然要求,是商品经济充分发展的必然要求。

计划与市场两种调节手段相结合,必须遵循客观规律,其中最主要的是商品经济的基本规律价值规律以及按比例发展的规律;资金循环运动规律;节约必要劳动时间规律等。历史的实践证明,注意遵循和运用这些规律在房地产经济领域中尤为重要。

第三节 房地产的消费过程

社会主义生产的目的是为了满足人民的需要。人民的需要有生产方面,也有生活方面。归根结蒂是为了生活的需要,也就是为了消费的需要。房地产商品经过流通环节后转移到了使用者手里,从而进入消费环节,在实现其使用价值的同时实现价值。这个消费过程是房地产再生产过程的最终环节。

房地产商品的消费过程,根据其产品在社会中发挥的职能不同,可以划分为两大类的消费。一类是房地产的生产消费,另一类是房地产的生活消费。

一、房地产的生产消费

(一)房地产生产消费的概念

所谓房地产生产消费是指房地产商品通过流通环节(市场交换)以后作为生产要素投入生产过程。包括建筑地段和用于生产经营性的房屋。

(二)房地产生产消费的类别

1. 作为生产资料的消费

房地产企业向社会提供的房地产商分别是已经开发的土地即建筑地段;工业、商业用房;机关办公用房以及城镇居民的住宅。在这些房地产商品中,建筑地段、工商业生产经营用房都将作为各部门各企业的生产资料投入生产过程,和其他各种生产资料一起与劳动相结合共同为各企业创造相应的价值。例如作为建筑企业,土地就是基本要素之一,没有土地,就没有地上商品房的建造;工厂没有生产车间、库房、设备室、化验室等等就无法进行正常的生产活动;商业企业没有商场、店堂、库房等就无法进行正常的营业活动。因此,我们把房地产商品用于生产经营消费的过程划分为生产资料的消费。生产资料消费属于社会消费。

2. 作为发展资料的消费

房地产商品中作为行政机关、事业单位、军事单位使用的房地产,是为社会发展事业提供所必需的物质条件。从广义上讲这一类房地产商品也属于生产资料的范畴。如果进行细分,此类房地产划分为发展资料的消费。这种消费同样是社会消费。

(三)房地产生产消费的特殊性

作为生产资料消费的房地产,它的使用价值不仅仅是作为企业生产、经营的场所,更重要的是它作为生产资料与企业的其他生产资料一起,同劳动相结合进入生产过程或流通过程。从而创造物质财富,创造剩余价值,为企业带来利润。马克思对于创造利润的使用价值称之为特殊使用价值。作为生产消费的房地产,所发生的费用构成企业的生产成本或经营成本的组成部分。它是从企业生产或销售的商品价格中回收。因此,生产消费的房地产价格应该同其他生产资料一样进行等价交换,它不存在承受能力问题。

二、房地产的生活消费

所谓房地产的生活消费,是指房地产企业建造的住宅通过流通环节以后转移到城镇居民的手里以满足城镇居民生活的基本需要。

(一)住房既是生存资料同时又是享受资料和发展资料

在现实生活中,按满足人们消费需要的不同层次来分类,消费品可以分为生存资料、享受资料和发展资料。一般消费品只具有其中一种或二种功用或层次的特征。而住宅却同时具有三种功用或三个层次的特征,即住宅既是生存资料,同时又是享受资料和发展资料。这是与其他消费品所不同的。人们因为家庭收入高低不同,消费水平也有不同。最低层的消费是满足人类生存需要,除去衣食之外住房是人类生存必需的要素。住房作为生存资料是指住房只限于满足劳动者恢复体力、延续后嗣,保持劳动力所必需的住房,设备功能也是只有最基本的功能。作为生存资料的住房是它最基本的功能。由于消费水平的提高,人们不再满足于把住房作为栖身之所。而且由于人们一生有2/3以上的时间是在住房中渡过,希望把住房装饰的美丽幽雅,设备功能齐全,作为艺术品来享受,于是住宅就成为享受资料。住宅不仅是休息的场所,而且是学习、教学、研究、写作的最好场所。这些活动都是为社会发展服务的,因此住宅又是发展资料。适应不同层次的需要,住宅也分为带有社会保障性的住宅,如安居工程建造的住宅,专供中低收入家庭购买居住,一般商品住宅,供中等偏上收入家庭按市场价购买;公寓和别墅供高收入者作为享受资料之用。由于消费档次不同,对于售后服务的需求也不同。因而应运而生不同档次的物业管理,提供全方位多档次的管理服务。

(二)住宅的需求弹性

住宅需求弹性,是指住宅需求量因住宅价格和家庭收入变化而引起的需求的相应的变动率。由于住宅具有生存资料、享受资料、发展资料"三位一体"的特殊性,因而住房需求弹性很大。一般讲作为生存资料的住房需求弹性很小,人必须有栖身之所,满足最基本的生活需求。但随着消费水平消费层次的提高,对房价与收入水平反应的住房需求弹性也逐渐增大。但当高房价与低收入超过一定比例的极限时,住房的需求弹性就趋于零。

在商品经济条件下,住宅需求是指有支付能力的有效需求。住宅需求量的大小,与城镇居民购买力的大小相适应,取决于城镇居民的收入水平。一般地说,城镇居民对住宅需求的大小,与城镇居民收入的多少成正比。此外,住宅的需求弹性还受住宅商品价格的影响。一般说,价格愈高,需求愈减;价格愈低,需求愈增,即住宅的价格与需求量成反比。这是需求的一般规律。

(三)恩格尔系数与住房费用比重

德国统计学家恩格尔在研究居民的家庭支出构成与其收入的关系这一问题时,对英、法、德三国进行大量调查统计后指出:"居民的家庭支出构成跟他们的收入是密切相关的。随着家庭收入水平的提高,用于食物方面的支出会逐步降低,而用于文化、娱乐、卫生、舒适等等这方面的需求会逐步提高"(黄如宝《建筑经济学》第158页)。后来这个理论被称为恩格尔定律,同时人们也把用于食物方面支出占家庭全部支出的比重称为"恩格尔系数"。

$$恩格尔系数 = \frac{食物支出额}{家庭消费支出总额}$$

恩格尔系数反映一个国家或地区居民生活水平的富裕程度。恩格尔系数越高,表明家庭支出绝大比重用于解决吃饭问题,维持家庭生活最基本的需要,衣、住、行等其他开支所占的比重很小,这样的国家和地区越贫困。恩格尔系数越小,表明家庭支出中用于食品的费用比重已经很少,有余钱用于衣、住、行及其他开支所占的比重已经加大,这样的国家越富裕。恩格尔系数与富裕程度成反比。用恩格尔系数划分经济发展水平档次见表3-1。

表 3-1

经 济 发 展 水 平	恩 格 尔 系 数 (%)
富　　裕	30%以下
小　　康	30%～45%
温　　饱	45%～60%
贫　　困	60%以上

我国 90 年代的恩格尔系数已从 80 年代初的 60% 降到 45%，进入了小康水平。

在研究住宅消费弹性的问题时，许多经济学家将研究恩格尔定律加以引申，根据经验统计资料计算出在经济发展不同水平阶段住房消费支出占家庭总支出的比重。研究结果表明，总的趋势是住宅消费支出随着家庭收入的增加（恩格尔系数下降）而上升，并稳定在一定水平上，进而有所下降。一般达到小康水平的国家，住房消费比重一般为 15% 左右，达到富裕水平的国家住房消费比重一般为 22%～25%。通过对各国此项调查分析比较，国民收入较高的发达国家与发展中国家在相近时期的居住消费支出比重也存在着差别，前者高于后者。见表 3-2～表 3-5。

发展中国家住房消费情况[①]　　　　表 3-2

国别	印度	苏丹	坦桑尼亚	马来西亚	斯里兰卡
年份	1976	1974	1971	1971	1976
住房与消费支出比(%)	7.6	6.6	15.9	13.3	10.5

发达国家住房与消费支出结构(%)[①]　　　　表 3-3

国别	美国	瑞士	澳大利亚	意大利	爱尔兰	英国	希腊
年份	1962	1962	1961	1962	1961	1962	1963
比例	22.7	16.7	15.9	19.2	15.3	12.7	12.8

①摘自《中国房地产》1994 年第 7 期，曹振良《理顺价格体系促进住宅销售市场的形成和发育》。

低收入国家住房与消费支出比重(%)[①]　　　　表 3-4

国别	埃塞俄比亚	马拉维	扎伊尔	贝宁	卢旺达	巴基斯坦
比例	12	10	8	9	9	9

①摘自《中国房地产》1994 年第 7 期，曹振良《理顺价格体系促进住宅销售市场的形成和发育》。

我国城镇居民家庭有关消费情况[①]　　　　表 3-5

项目		1985	1988	1989	1990	1991	1992
调查户数(户)		24338	34945	35235	35660	36730	36290
人均生活费收入(元)		685.32	1119.36	1260.67	1387.27	1544.30	1826.07
书报杂志	占生活费比重(%)	0.89	0.74	0.84	0.80	0.80	0.88
水电费		0.99	1.10	1.29	1.43	1.56	1.57
房租		0.95	0.70	0.70	0.68	0.69	0.78

①摘自《中国统计年鉴 1993》。

从上表发展中国家与发达国家住房消费比例的比较来看,随着收入水平的提高,居住消费支出的比重随之上升。随着收入水平的提高和消费结构的变化,消费需求倾向于扩大住宅消费需求。

由于我国建国以来至住房制度改革以前,在住房制度上实行的是低房租、福利制,住房消费支出仅占家庭生活费支出总额的1.5%~3%。造成了我国城镇居民居住消费支出极低的消费结构扭曲现象。按照我国国务院住房制度改革领导小组办公室的房改规划要求,到2000年城镇居民住宅消费费用所占的比重将达到15%,使消费结构趋于合理。

(四)住宅消费水平

住宅消费水平俗称居住水平,是指居民住房消费所达到的数量与质量水平。住房消费水平一般以人均居住面积或人均使用面积和住房的成套率来表示。前者是每人占有住房面积的数量指标;后者是指住房功能的质量指标。我国国家制定的到2000年实现居住小康水平的标准是人均居住面积达到9m²,人均使用面积达到12m²,解决人均居住面积在6m²以下的家庭住房困难问题,成套率达到70%以上。

(五)住房的社会保障体系

在商品经济条件下,用于交换的住宅是商品。住宅生产者通过生产和销售住宅实现其价值,而消费者通过购买或租赁住宅实现其使用价值满足生活需要。住宅消费费用进入家庭生活费支出。消费者购买住房或租赁住房的资金主要来源于自己的收入。

住宅最根本的是作为生存资料,每个居民都要有房住。社会上尤其是低收入阶层是否能够得到栖身安居之处,不仅仅是一个经济问题,而且是一个社会问题和政治问题。它关系到社会和政治形势稳定的大局。住房同人口、土地、工资、就业以及环境保护等问题一起,成为全球性的重要问题。住房问题已经引起联合国的高度注视,曾经召开多次国际性的住房会议,解决世界性的人民居住问题。各国政府也都把住房问题放在重要战略地位,积极地调控住宅市场,平衡住宅的供求关系。任何社会形态,任何时候,都有贫富家庭之分。保证人人有房住,特别是保证低收入家庭有赖以生存所必需的住房是国家的职能,尤其是社会主义国家的基本职能。国家实现此项职能,只有通过组织住房社会保障体系来实现。因此实现住房商品化的政策不但不排斥作为社会福利的住房社会保障体系,而且要求建立完善的住房社会保障体系。以实行住房商品化政策为主,辅之以住房社会保障体系是国际上解决住房问题通用的原则。

以新加坡为例,新加坡是一个人口高度密集的城市国家,在618km²的土地上居住着250万人。50年代末60年代初,新加坡人民生活水平很低,住房数量奇缺,质量低劣。当时全国平均每户人家不足一间居室,40%的人家住在贫民窟和棚户区。为解决住处,许多人乱搭乱建,建筑不合要求,常常发生火灾。不法分子乘机制造混乱,住房问题成为社会不安定的重要因素。面对这种情况,新加坡政府决心把住宅建设作为发展经济、稳定社会的一件大事来抓。经过25年的努力,新加坡新建住宅50万套,使全国80%左右的居民搬进新居,人民居住条件得到了根本改善。成为国际公认的住房问题解决得较好的国家。

新加坡政府为解决低收入居民的住房需求制定的具体政策是:家庭月收入在6000新元以上的,自建住宅或向建筑商购买住宅,不得购买政府建的住宅;家庭月收入在4000~6000新元的,可购买政府建的中等收入者组屋;家庭月收入在800~4000新元的,才可以申请购买政府建造的公共组屋,并可分期付款或贷款(贷款额不超过房价的80%,偿还期限5~20

年,贷款年利息率5.78%);家庭月收入在800新元以下的才能申请租赁政府建造的住宅。很明显,对于家庭月收入在4000新元以下的中低收入家庭给予了社会保障待遇。

近年来,在我国通过住房制度改革,为了更好地解决城镇居民住房问题,特别是解决中低收入职工家庭的住房问题,国家按照居民收入的不同档次,建立了两类住房供应体系。一是以高收入者为对象的市场商品房供应体系,由房地产开发企业以市场价格供应商品房;二是以中低收入者为对象的经济实用房供应体系。中低收入的家庭住房问题在政府扶持下,用带有社会保障性商品房来解决。说明我国的住房社会保障体系已经开始建立,但尚有待进一步完善。

当代许多国家的实践证明,推行住房商品化与建立住房社会保障体系两者是辩证的统一。世界上没有一个国家在住房问题上实行纯商品化政策。但是必须明确住房社会保障是国家的职能,决不能也不应该把这种职能转嫁给房地产企业。房地产企业是房地产商品的生产者与经营者,它只能按照商品经济运行法则运行。企业不是福利单位。我国实行低租金的历史教训已经证实了这一点。当前我国实行住房商品化与住房福利性相结合的住房制度,是符合我国国情的,也是住房逐步向商品化过渡的必需。

第四节 房地产生产、流通和消费的关系

一、房地产的生产决定流通和消费

维持人类生存首先遇到的问题就是要进行消费。而众多的消费对象即产品从哪里来?无疑是要靠人类的生产活动来创造。正如马克思提出的:"一个民族要想生存发展,就一刻也不能停止生产。"生产作为人类须臾不可离开的基本活动,在人类的其他活动中起着决定的作用。因此,马克思、恩格斯曾从理论上把它高度概括为人类的生产决定着流通和消费。房地产的生产也同样决定着房地产的流通和消费。因为只有房地产企业开发建造出了建筑地段,在此基础上建造了各类房屋,才能进行交换,通过交换才能满足生产消费和生活消费的需要。物质生产是社会发展的基础,同样房地产开发建设是房地产流通和交换的前提。

二、房地产的流通连接生产和消费

在商品经济条件下,商品生产者是为他人为社会生产使用价值。社会主义生产的目的在于不断满足社会的需要。实现这个目的,就必须有交换环节(流通环节)把生产环节和消费环节连接起来,实现商品的价值和使用价值,从而保证连续不断地再生产。流通环节越畅通,就越能促进生产发展。

房地产经济同样如此,房地产业本身或主体是处于流通环节的第三产业。房地产业的发展又能开拓建筑、建材及金融和相关行业产品市场。它不仅是房地产从生产环节到消费环节的桥梁,而且发挥着带动相关产业发展的作用。发展房地产业,搞活流通环节既是发展房地产经济自身的需要,也是促进国民经济发展的需要。由于房地产既可作为生产消费又可作为生活消费,它连接生产与消费两个环节的重要作用是其他商品所不可比拟的。通过满足生产消费又促进了相关部门的生产发展。

三、房地产的消费对生产、流通的反作用

人类生产的最终目的是为了消费。从社会再生产过程来看,商品从生产环节到消费环节以后,就完成了再生产过程的一次循环。然而人们对消费需求是无限的。随着收入水平的提高,人们会随时随地产生对消费的多种多样新需求。恰恰是人们这种新的消费需求,刺激了商品生产者重新组织生产,不断地增加品种,扩大生产规模。也正是从这个意义上说,没有消费就没有生产。这就是消费对生产和流通具有反作用。房地产产品的消费也具有同样意义。我国是发展中的国家,目前国民经济正进入现代化增长的阶段,对于非住宅的社会需求日益增加,因而推动了房地产开发企业开发建设适销对路的通用厂房、商厦、写字楼。另一方面由于我国城镇居民对住房需求量大,他们强烈希望实现住房消费,才刺激了我国房地产业的发展住宅建设。按照商品经济以需定产的原则,就意味着消费环节对于生产环节反作用的重要意义。在一定意义上讲,消费的规模和档次决定着房地产开发建设的规模和档次。只有调整消费结构,使住宅成为新的消费热点,才能使住宅业成为新的经济增长点,道理就在于此。因此研究发展房地产业,发展房地产的生产建设,应该把着眼点放在研究扩大房地产消费环节、增加有效需求上。消费环节扩大了,有效需求增加了,房地产市场才能发展,房地产流通环节才能畅通,房地产的再生产才能不断地扩大。

于是我们可以得到如下的结论,房地产再生产过程中的生产、流通、消费环节是紧密连接在一起的,互相结合、互相促进。生产决定流通和消费;流通连接生产和消费;消费又反作用于流通和生产,这就是房地产再生产过程中生产、流通和消费三个环节之间的经济关系。

思 考 题

1. 何谓房地产综合开发?房地产综合开发主要包括哪些生产活动?
2. 进行房地产生产需要具备哪些生产要素?配置这些生产要素的手段有几种?
3. 什么是房地产的简单再生产?扩大再生产?实现房地产扩大再生产必须具备的条件是什么?
4. 房地产商品与其他一般商品相比较具有哪些特点?
5. 房地产商品是如何进行流通的?房地产商品在交换中具有哪些特点?
6. 何谓房地产市场?房地产市场的构成要素有哪些?
7. 试述房地产消费的含义。
8. 房地产生产、流通和消费三个环节之间有什么关系?

第四章 房地产价格

土地的开发和房屋的建造凝结着大量的人类劳动,因此它们包含着巨大的商品价值。当房地产商品结束生产过程进入流通领域的时候,按照市场经济中价值规律的要求,必须进行等价交换。要交换,这就涉及房地产的价格问题。

第一节 地租与地价

一、地 租

(一)地租的概念

地租是依靠土地所有权而获得的收入。有以下几个层次的涵义:

1. 地租是土地所有权在经济上借以实现的形式

马克思指出:"地租的占有是土地所有权借以实现的经济形式,而地租又是以土地所有权,以某些人对某些地块的所有权为前提"(《资本论》第三卷第714页)。它反映一种社会关系。

在不同社会形态下,地租体现不同的阶级关系。封建地租是封建地主阶级凭借土地所有权无偿占有农民剩余劳动或剩余产品的基本形式,体现的是地主阶级与农民阶级之间剥削与被剥削的阶级关系。资本主义地租是租地资本家交给土地所有者的超过平均利润的那部分剩余价值,体现的是租地资本家与土地所有者共同剥削雇佣工人的阶级剥削关系。在社会主义土地公有制中,地租仍然存在。早在1848年的《共产党宣言》中,马克思和恩格斯就提出:"剥夺地产,把地租用于国家支出"(《马克思恩格斯选集》第一卷第272页)。恩格斯还明确地提出:"消灭土地私有制并不消灭地租,而是要把地租——虽然是用改变过的形式——转交给社会"(《马克思恩格斯选集》第二卷第545页)。在消灭了雇佣劳动制、消灭了阶级以后,地租作为土地公有制在经济上的实现形式,用于社会的发展事业。反映了社会主义国家、企业、劳动者之间的关系。

2. 真正的地租是为使用土地本身而支付的

马克思指出:"真正的地租是为了使用土地本身而支付的。不管这种土地是处于自然状态,还是已被开垦。""资本能够固定在土地上,即投入土地,其中有的是比较短期的,如化学性质的改良、施肥等等,有的是比较长期的。如修排水渠、建设灌溉工程、平整土地、建造经营建筑物等等。我在别的地方曾把这样投入土地的资本,称为土地资本。它属于固定资本的范畴。为投入土地的资本以及作为生产工具的土地由此得到的改良而支付的利息可能形成租地农场主支付给土地所有者的地租的一部分,但这种地租不构成真正的地租"(《资本论》第三卷第698页)。在这里马克思把地租和土地资本的利息严格区分开来。他认为土地资本的利息可能成为追加的租金部分,但并不是真正意义上的地租。他指出:"土地资本的代表不是土地所有者而是土地经营者。作为资本的土地带来的收入不是地租而是利息和经营利润。有些土地产生这种利息和这种利润,但不产生地租。""土地只要产生利息,就是土地资本,但是,它既是土地资本,也就不能提供地租,就不能形成土地所有权"(《马克思恩格斯选集》第一卷第153页)。那么,土地资本的利息又是如何以外来的追加的租金形式变成了土地所有者收入的一部分,却成为土地所有权在经济上的实现形式呢?正如马克思指出:"契约规定的租期一满,在土地上实行的各种改良,就要作为和实体即土地不可分离的偶性,变为土地所有者的财产。""在签订新租约时,土地所有者把投入土地的资本的利息,加到真正的地租上"(《资本论》第三卷第699页)。此时土地所有者所得到的地租中,既包括了真正的地租,又包括了由土地资本的利息转化成的租金。了解这一点,对于今后研究土地使用权出让与转让中的土地增值问题有着现实的意义。

3. 超额利润转化为地租

马克思在分析资本主义地租时,基于当时农业技术装备低于工业,农业资本有机构成低于社会资本平均有机构成,因而所创造的剩余价值高于生产价格。农业资本家所获得超过平均利润的超额利润部分就以地租的形式支付给土地所有者。地租的实体是超额利润,是雇佣工人创造的剩余价值的一部分。马克思指出:"地租之所以在资本主义制度下成为剩余价值的一种特殊的、具有特征的形式。只在于它是超过(一般)利润的余额"[《马克思恩格斯全集》第26卷(下)第23页]。

(二)地租的产生条件

地租是一个历史的范畴。地租能够在历史上直至今天仍然存在,地租的产生要具备两个条件:

第一,土地所有权是地租产生的基本条件。

土地所有权是土地所有人在法律规定的范围内占有、使用和处分其土地并从土地上获得收益的权利。马克思指出:"不论地租有什么独特的形式,它的一切类型有一个共同点:地租的占有是土地所有权借以实现的经济形式。而地租又是以土地所有权、以某些个人对某些地块的所有权为前提"(《资本论》第三卷第714页)。"地租是土地所有权在经济上的实现,即不同的人借以独占一定部分土地的法律虚构在经济上的实现"(《资本论》第三卷第715页)。所有权具有排他性,土地所有者凭借着对土地的垄断权将土地出租给使用人时,就必然要求其所有权在经济上得到实现,获得地租。否则土地的所有者宁肯让土地荒废,也决不会将土地让给他人使用。马克思说:"作为租地农场主的资本家,为了得到在这个特殊生产场所使用自己资本的许可,要在一定期限内(例如每年)按契约的规定支付给土地所有者即他所使用土地的所有者一个货币额(和货币资本的借入者要支付一定利息完全一样)。这个货币额,不管是为耕地、建筑地段、矿山、渔场、森林等等支付,统称为地租"(《资本论》第三卷第698页)。"土地所有权的前提是,一些人垄断一定量的土地,把它作为排斥其他一切人的,只服从自己个人意志的领域"(《资本论》第三卷第695页)。"土地所有权本身已经产生地租"(《资本论》第三卷第851页)。可见,土地所有权是地租产生的基本条件。不论是在土地私有制的封建主义社会,资本主义社会,还是在土地公有制的社会主义社会,只要存在着土地所有权,就存在着地租产生的条件。只有到共产主义社会,不仅废除了土地私有权,也废除了土地公有权。当废除了一切土地所有权的时候,才失去地租产生的条件。

第二,土地所有权与土地使用权的分离是地租存在的又一个条件。

历史上原始社会和奴隶社会虽然存在土地所有制，但由于土地所有权与使用权统一于同一个主体，因而不存在地租。在封建社会和资本主义社会，土地所有权与经营使用权相分离，以土地所有权人为一方，以土地经营使用者为另一方，通过法律和契约的规定，土地所有者才能凭借手中的土地所有权从土地使用者手中取得收益，才能产生地租。

在社会主义条件下，按照我国《宪法》的规定，土地实现了国家所有和集体所有二种形式的公有制。土地所有权依然存在，同时也受法律的保护。而且土地的所有权与土地的经营使用权是分离的。土地所有权与使用权的分离，表现在两个方面：一方面是由两种土地公有制决定的。即国有企事业单位使用集体所有的土地和集体所有制经济部门使用国有土地的情况都存在，这就使土地所有权与使用权产生了分离。另一方面在同一所有制的土地上，同样存在着所有权与使用权的分离。例如城市土地属于国家所有，但是由不同所有制的企事业单位使用。即使是由全民所有制企事业单位使用，但由于在商品经济条件下，各使用单位有各自独立的利益，因此只要是国家不直接使用经营土地，就存在着土地所有权与使用权的分离。

在我国的社会主义条件下，存在着地租产生的客观条件，因此地租的存在是必然的。特别是土地所有者要求土地所有权在经济上必须得到实现，是存在社会主义地租的关键。在土地所有权与使用权分离的条件下，如果土地所有权在经济上长期得不到实现，就会出现马克思指出的："意味着土地所有权的废除。即使不是法律上的废除，也是事实上的废除"(《资本论》第三卷第846页)。这已经为历史所证实。因此，在社会主义商品经济条件下，客观上决定土地所有权必然要求在经济上得到实现。特别是城市建筑地段，具有商品属性，纳入商品经济体系，按照商品经济原则进行经营和管理，应该采取地租、地价的形式作为国家调节土地经济关系的杠杆。

(三)地租的形态

由于土地所有权与社会各部门用地的不同，地租存在多种形态。大致可以分为农业地租、商业地租、矿山地租、建筑地段地租、垄断地租等。

1. 农业地租

农业地租又可分为绝对地租、级差地租和垄断地租。

(1)绝对地租　绝对地租是指由于土地所有权的存在，租用任何一块土地即使是劣等地，都绝对地需要向土地所有人缴纳地租。这是由土地所有权的垄断性决定的。

(2)级差地租　级差地租是指耕种较优土地所获得的、归于土地所有者占有的超额利润。这种地租与土地地理位置、肥沃程度的等级相联系，因此称为级差地租。

级差地租按照其形成条件的不同，又分为两种形式即级差地租第一形态(级差地租Ⅰ)与级差地租第二形态(级差地租Ⅱ)。

级差地租第一形态又由两种情况构成：

第一种情况：由于土地肥沃程度不同，耕种优等或中等地的农业工人能够创造出超出一般利润的超额利润转化的级差地租。这是因为农产品价格的决定与工业品不同。工业品的价格取决于社会平均生产条件所决定的生产价格。而农产品的价格，则取决于劣等地的生产条件所决定的生产价格。作为自然资源的土地，存在着等级差别，如土质有优劣之分。而农产品的价格因为是由劣等地上的生产价格决定，如果租用经营劣等地的可以获得平均利润，那么租用经营中等地和上等地的人，由于其经营的土地肥沃，劳动生产率较高，用等量的投资就可以获得较多的农产品,而且可以把农产品按照劣等土地的生产价格出售,就可以获得超出一般利润的超额利润。这部分超额利润就转化为级差地租,由租用人以级差地租的形式交付给土地所有者。

第二种情况:是由于土地位置距离市场远近不同而产生的级差地租。土地距离市场愈远,农产品的个别生产价格中所包含的运输费用就愈多,农产品的个别生产价格就愈高;反之,土地距离市场愈近,农产品的个别生产价格就愈低。这样农产品的社会生产价格就不能不由距离市场最远的农产品的个别生产价格来决定。否则的话,就没有人愿意经营距离市场较远的土地。因此,经营距离市场较近的土地就能因其农产品的个别生产价格低于社会生产价格而从中获得超过平均利润以上的一个余额,这种超额利润就是级差地租被土地所有者占有。

级差地租第二形态是指土地使用人在同一地块上连续投入不等量资本,具有不同生产率所产生的超额利润转化成的地租,这种地租是土地租用人为了提高农产品的生产数量对土地进行追加投资,以增进土地的肥力,从而获得的超额利润。这种土地资本如果是长期的,如兴修水渠,当租约到期后,连同土地使用权一并被土地所有权人收回。再向第三人订立租约时,这部分土地资本的利息(土地投资产生的超额利润)即并入真正的地租被土地所有者所占有。于是这种追加投资所获得的超额利润又会成为土地所有者的级差地租。

(3)垄断地租 垄断地租是指土地所有者从特别有利的土地上生产的商品的价格中所获得的超过其价值的超额利润。这种地租的形成,与土地的自然条件十分相关。例如能生产少数珍贵农产品(如人参、名茶)的土地,由于土地极有限,这些产品会供不应求。因此这些产品的出售价格会以大大高于商品的价值和生产价格出售,从而获得一部分超额利润。这部分超额利润由土地租用人转交给土地所有者,形成垄断地租。马克思指出:"这种在这里由垄断价格产生的超额利润,由于土地所有者对这块具有独特性质的土地的所有权而转化为地租,并以这种形式落入土地所有者手中"(《资本论》第三卷第874页)。

2. 建筑地段地租

城市土地的绝大部分是建筑地段,城市土地地租形式主要是建筑地段地租。

建筑地段地租是指土地使用人为租地建筑住宅、工厂、商店、银行、仓库或其他建筑物而交付给土地所有者的地租。

建筑地段地租同样是遵循农业地租相同的规律,同样有绝对地租、级差地租和垄断地租。马克思指出:"凡是有地租存在的地方,都有级差地租,而且这种级差地租都遵循着和农业级差地租相同的规律。""这种地租的特征,首先是位置在这里对级差地租具有决定性的影响"(《资本论》第三卷第871页)。

(四)建筑地段地租的构成因素

1. 位置因素

在农业地租中,土地的肥沃程度和地理位置都对级差地租有着决定的作用。而在建筑地租中,土地的地理位置对级差地租起着决定性的作用,具有决定的影响。因此,大城市繁华中心或码头、车站附近,建筑地段的地租就高,距离城市繁华中心地区愈远,建筑地段的地租就愈低,靠近市郊的建筑地段其地租量与农业用地地租相近。因为城市土地的位置差异,会形成不同的级差收益,直接影响企业的经营效果。"寸土寸金"就是对占有极好地理位置的企业能够获得极大经济效益的形象比喻。

2. 交通条件因素

交通设施的完善与便利与否,也是构成建筑地段地租的因素之一。因为随着现代工业和城市化的发展,城市对交通运输有较大的依赖性。例如工业企业,交通运输是否便利对其产品的成本和销售价格有直接的影响,关系着企业纯收益的多少;对商业企业,直接影响其销售额、销售成本和商业利润;对居民住宅用地,直接影响居民的工作、生活、购物等方便程度。因此,交通运输的通畅便利与否,直接、间接地影响建筑地段地租的水平。

3. 垄断地理位置因素

构成建筑地段地租的另一个因素,就是处于特殊地理位置建筑地段,因供需关系和所有权的存在而形成的建筑地段垄断地租。

在城市的繁华中心地区如北京市的王府井、上海市的南京路、天津市的滨江道等是商业集中最为繁华的地区,在该处商业企业的利润要超出其他地区同类商业企业数十倍,甚至上百倍。由于地理位置的特殊而带来的特殊的超额利润,其中一部分即转化为建筑地段的垄断地租,流入土地所有者手中。

此外,城市土地的利用,取决于城市总体规划。一定的企业要按照城市规划设置在一定的区域内。如车站、码头、银行和其他金融机构,这些特殊地理位置的建筑地段对特定的企业使用,就形成建筑地段的垄断地租。特别是随着改革开放的深化,而划定的保税区,享受着免税转口的特殊优惠政策。在那里的建筑地段,就形成了垄断地租。

4. 城市基础设施因素

城市建筑地段地租构成因素除上述三项主要因素之外,还包括城市基础设施完善程度的因素。城市建筑地段级差地租,同样存在着级差地租Ⅰ和级差地租Ⅱ。级差地租Ⅰ主要是由于建筑地段的地理位置带来的;级差地租Ⅱ则决定于建筑地段投入的土地资本。而土地资本中的主要部分就是城市基础设施建设的投入。狭义的建筑地段是指经过城市基础设施建设,达到"三通一平"或"七通一平"可直接用于地上物建设使用的地段。建筑地段的地租,除包括自然资源部分的真正地租之外,还包括土地开发建设(其中主要是城市基础设施建设)投入的土地资本的利息所构成的租金部分。因此城市基础设施建设的完善程度是建筑地段地租构成的因素之一。基础设施愈完善,建筑地段的租金愈高。俗称"生地"与"熟地"地租的区别即在于此。

5. 土地供需关系的因素

在市场经济体制下,一切商品价格的形成都受商品供需关系的影响,建筑地段的地租同样受市场供需关系的影响。因此,城市土地供需关系就成为建筑地段地租构成因素之一。影响城市土地供需关系的因素,主要有城市人口数量和城市经济发展水平。城市土地在规划确定以后,土地的供应量是有限的,而城市人口的多少,直接影响土地的需求量。人口愈多,对土地的需求量愈大,则建筑地段地租也愈高。另外影响城市土地需求量的是城市经济的发展程度。城市经济包括工商业及金融服务业等第一、二、三产业。城市经济愈发达,对于城市土地的需求愈大,则城市建筑地段的地租愈高。这是市场经济规律决定的。

(五) 土地使用权出让和转让价格

允许土地使用权有偿出让和转让,是国家对土地使用制度的一项重大改革。这种土地使用权的出让和转让过程是在我国房地产一级和二、三级土地交易市场中进行的。交易活动的实质就是土地使用权的出租和转租。也就是房地产流通环节中的具体交换形式。

1. 土地使用权出让价格

(1)土地使用权出让价格的实质。1988年4月12日我国七届人大一次会议通过的宪法修正案第二条规定,"土地的使用权可以依照法律的规定有偿转让。"此后《土地管理法》规定了"国家依法实行国有土地有偿使用制度"和"国有土地与集体所有制的土地使用权可以有偿转让"的内容。1990年5月,国务院颁布《中华人民共和国城镇国有土地使用权出让和转让条例》。这些都从法律上规定我国城市土地的所有权与使用权可以分离,使用权实行有偿出让和转让,即实行"通过使用权有偿出让和转让进行房地产经营的经济活动"是合法、正当的土地交易行为。

土地使用权的出让是政府作为国有土地的所有人将土地的使用权有偿提供给受让人开发经营。受让人取得的是一定期限内的土地使用权,包括了对土地的使用、收益和一定程度的处分权利。这些权利又表现为对土地的使用权、转让权、转租权和抵押权等它项权利。政府对土地使用权的出让是有偿有期限的出让,这就是说,受让方在取得一定期限土地使用权的同时必须向政府交纳一定数量的货币额,即土地使用权出让金。国有土地所有权在经济上得到实现,实质上就是地租。

(2)土地使用权出让价格的形式。国有土地使用权的出让是在房地产交易一级市场中进行的。土地使用权出让的价格形式,目前大致有以下几种:

1)征收土地使用费。即向使用土地者按年(或季)征收土地使用费,按照土地等级和用途不同制订不同的收费标准。土地使用费包括因土地位置因素而形成的级差地租和垄断地租,也包括使用最差土地而需缴纳的绝对地租。

2)土地使用权出让金。这是土地使用权受让人为获得土地使用权而一次支付使用期内的全部土地使用费金额,俗称土地使用权的"批租"。

3)土地使用税。即国家向城市土地使用者按期征收的税金。土地使用税按土地等级和用途分别制定收费标准,并按占有土地面积的数量计征。严格地说,土地使用税与土地使用费在性质上并不完全相同。土地使用税是纳税者依照法律的规定向国家交纳带有强制性的税赋,是国民应尽的义务。国家并不给予相应的任何权利;土地使用费的实质是地租,是土地使用人向土地所有人支付的剩余价值的一部分,土地使用人支付土地使用费(地租)以后,即从土地所有人那里取得土地的使用权利。由于我国城市土地属于国家所有,土地所有人和国家政权机关同是一个主体。因此,税与费的区别往往被人忽视。

综合以上几种有偿使用国有土地,尽管所采取形式不同,但中心一点都突破了国有土地无偿使用的传统做法。正是这一改革,维护了国有土地所有权,搞活了土地交易市场,从而促进了土地合理利用,避免了土地资源的浪费。

(3)土地使用权出让价格的构成。城市土地绝大部分是建筑地段,城市国有土地使用权出让金实质上是建筑地段地租。土地使用权出让价格构成基本上与建筑地段地租的构成相同。包括三大部分:

第一,土地自然资源所产生的真正地租。其中包括建筑地段的绝对地租和级差地租Ⅰ。

第二,土地开发投资利息所产生的土地租金,即级差地租Ⅱ。国家是城市土地的唯一所有者。国家投入城市土地开发建设的投资(包括土地征用费)应该得到实现。国家的土地投资,实质上是土地资本。这部分土地资本的利息形成的租金应该加入到真正的地租中,一并得到实现。

第三,由特殊地理条件形成的垄断地租。

除以上三项基本构成因素之外,在市场经济条件下,还有城市土地供需因素,即人口状况和城市经济发展状况。

城市土地使用权出让价格目前尚无统一的计算公式。按照上述出让价格构成的基本理论,设计土地使用权出让价格的计算公式的理论模型如下:

最低等级城市土地使用权出让价格,单位土地使用权出让价格＝单位地租＋单位土地资本利息。

单位地租＝单位土地征用费×利息率

单位土地资本利息＝单位土地开发建设投资×利息率

单位土地开发建设投资可按一定时期内城市土地每平方米一次开发和再开发的平均投资额测算。

各级城市土地使用权出让价格,单位土地使用权出让价格＝最低等级单位土地使用权出让价格×级差系数。

级差系数应按工业、商业、住宅等土地不同用途分别测算。工业、商业用地主要按其级差收益测算。住宅用地以人口密度为主,参照商业服务半径、文化医疗设施等相关条件测定。

(4)城市土地等级的划分。为了反映城市建筑地段地租的级差性,对城市土地应该划分等级。划分等级一般应遵循下列原则:

第一,坚持从实际出发,调查研究实事求是的原则。应该全面分区调查人口密度、工商服务业分布状况、文化卫生事业分布状况、交通运输条件、市政公用设施条件、环境条件,特别是工业、商业、服务业的土地级差收益等,综合分析归纳,划定本地区等级界限。

第二,现状与发展相结合的原则。即土地等级的划分,不光着眼于现状。土地等级不是一成不变的。土地等级的升降与城市发展规划相关。因此要以动态发展的眼光,以现状为基础,结合发展趋势划定等级。

第三,对不同用途的建筑地段分别划分土地等级的原则。工业、商业、住宅等不同用途的建筑地段划分等级的侧重点各有不同。例如商业侧重土地级差收益率;工业侧重交通条件;住宅侧重环境条件。同一地段,对于不同用途的使用功能评估标准并不一致,因而应该坚持按不同用途分别划分的原则。

第四,宜粗不宜细的原则。土地等级划分是一项极其复杂的系统工程,是地租理论的综合运用,而且又是不断发展变化的,因此,土地等级的划分宜粗不宜细。住宅和工业用地以按块划分为主,商业用地则需"点""线""面"结合,以便好地体现级差地租和垄断地租。

2. 土地使用权转让价格

(1)土地使用权转让价格的概念。土地使用权转让价格是指土地使用权出让给受让人,受让人又将其使用土地的全部或一部下余使用期限内的土地使用权,有偿转让给第三人时所收取的货币支付额。其实质是建筑地段转租的租金。

(2)土地使用权转让价格的形式与构成。如前所述土地使用权转让有多种形式,主要以土地形式转让和以建成房屋后以房屋形式转让两大类。此外还有以出租、抵押等多种形式。以土地形式转让,即俗称"炒地皮"的土地使用权售价。以房屋形式转让的价格形式有两种:一是出售房屋时连同土地使用权一并转让,其表现形式为房价中隐含地租或地价;二是出租房屋连同土地使用权一并转让,其表现形式为房租中包括地租。至于土地使用权的抵押,是属于借贷性质的非交易行为,在此不作论述。不论以任何形式转让土地使用权,都是在企业或个人之间的民间交易行为,属于土地的二级市场或三级市场行为。土地一级市场(出让使用权)是国家垄断市场;土地二、三级市场是开放的自由市场,因此土地使用权价格的形成是由市场供需关系决定的。

土地转让价格的构成有其科学的构成。一般包括:1)下余使用期内的土地使用权出让金的转移部分;2)土地使用人投入的土地资本和利息的实现部分;3)土地增值部分;4)其他费用,包括交易费及其他不可预见费。

(3)土地增值及其分配。由于土地具有不可再生性、稀缺性和土地价值的积累性和幅射性,决定了土地价值必然随着社会经济的发展而增值。

土地增值的来源。土地增值有两个来源:其一是来源于土地的使用人增加土地投入、劳动创造的价值。例如房地产开发建设者,在土地上投入的"三通一平"的投资而凝结在土地自然资源中所增加的土地价值,包括土地资本的利息。其二是来源于社会经济发展带来的自然增值。由于土地的有限性、稀缺性,使土地的供应量有一定的限制;由于社会的发展,随着人口城市化和城市人口的自然增长与城市经济的发展,对土地需求量不断增加,城市土地供不应求的发展趋势带来的土地不断增值。由于土地价值的辐射性,随着地段等级的升级而影响到附近土地的自然增值。在土地的转让过程中,随着时间的推移,两种土地增值都融于土地使用权价格之中。换言之,即在土地使用权价格中同时包括以上两种性质不同的土地增值。

土地增值的分配。由于两种土地增值的来源不同,性质不同,其分配归属也有不同。属于个人追加的土地投入及其利息所产生的增值部分应归投资者即土地使用人所有,属于社会经济发展而带来的土地自然增值,应属于全社会即国家所有。因此,在土地使用权转让时,国家要征收土地增值税,把不劳而获的土地自然增值部分收归国有。在计算土地增值税时,应在土地使用权转让价格中扣除:下余使用期间的土地出让金和土地原使用人投入的土地资本和利息。这是马克思级差地租理论中所揭示规律的具体应用。

二、地　　价

(一)地价的概念

地价即土地价格,是指买卖土地的价格。

按照马克思理论,商品的价格是商品价值的货币表现。自然界中的土地属于自然资源,没有劳动投入其中,因此土地本身没有价值,因而也就不具有价格。但是在资本主义社会私有制条件下,由于所有权的排他性,未经开发的土地虽然没有价值,但有所有权,因而在交换时也有价格。那么土地价格是怎样形成的呢?在资本主义社会,实行生产资料私有制。土地作为生产资料之一,同样被一些人所占有和垄断,而且这种占有和垄断受资本主义国家法律的承认和保护。因此土地的占有者可以把土地作为私人财产进行自由的处置,包括出租和出卖。那么,出卖土地时,土地价格怎样形成呢?作为土地租用者(农业资本家)为了取得某一块地的土地使用权,必须按照租赁契约的规定支付给土地所有者一定数量的货币(即地租)。这种关系如同货币资本的借贷关系一样。借贷人在借贷货币资本时必须支付给货币贷放人一定的借贷利息。假设借贷人以4000元货币借贷给他人,如按5%利息计算的话,每年就可以收入200元的利息。在这种情况下,土地所有者在出卖属于他自己所占有的土地时,就可以将其每年收入地租的货币额,比照利息率来推算出他的土地出卖价格。仍以上例来看,利息率5%,土地每年收入的地租额200元,推算其土地价格就是:土地价格 = $\frac{地租}{利息率}$ = $\frac{200}{5\%}$ = 4000元

马克思称之为:"资本化的地租"。"正是这个资本化的贡赋,表现为土地价格"(《资本论》第三卷第874页)。

从以上土地价格形成的计算公式中,我们可以看到,土地价格的确定,与地租量的大小和银行利息率高低这两个因素有直接的关系,并且是由这两个因素决定的。作为土地所有者只有在把出卖土地时所得到的货币收入存入银行后,能够给他带来和原先地租一样多的利息时,他才肯将土地卖出。对此,马克思在作了深入分析后指出:土地的价格,"并不是土地的购买价格,而是土地所提供的地租的购买价格"(《资本论》第三卷第703页)。马克思揭示了土地所有者出卖土地的实质,就是把其收取地租的权利出卖给了别人。这就是资本主义条件下土地价格形成的过程。

(二)我国存在地价的依据

地价是土地买卖的价格,是土地所有权价格与价值价格之和,是土地价值的货币表现形式。只要存在土地买卖行为,只要存在对地产的估值,地价必然客观存在。在我国社会主义市场经济条件下,地价依然存在,其理由是:

1. 两种土地公有制的存在

我国建国后,消灭了土地私有制。但并未废除土地所有制,而是建立了社会主义土地公有制。依照《宪法》的规定,我国城市土地属于国家所有,农村土地属于劳动者集体所有。并规定,国家为了公共利益的需要,可以依照法律的规定,对土地实行征用。按照《土地管理法》的规定,国家经济建设和城市建设发展征用的土地,国家要支付征用费。即征用土地不是无偿的,而是有偿的。在商品经济条件下依然是实行等价交换的原则。土地征用费,实际上是土地所有权转移的价格。也就是国家带有强制性地购买集体所有土地所支付的土地价格。

2. 土地所有权与使用权的分离

我国法律保护土地公有制制度,并要求在经济上实现其对土地所有权的垄断。在土地所有权与使用权分离的条件下,谁使用国有土地,获得土地使用权,就要向国家交纳土地使用权出让金即地租。而地租是形成地价的基础。在土地转让时的土地转让价格,实际上也会像"买卖"那样,一次性支付"地价"——土地转让价格。在商品经济条件下,土地,更确切地说是土地使用权,已经作为商品进入房地产市场。土地经营者要核算土地价值,地价也必然存在。在房地产开发经营的实践活动中,"地价"成为项目评估的关键。不能不运用货币作为交换的媒介和价值衡量尺度,地价必然存在。

3. 土地价格评估的需要

在一定城市中,土地作为国有的固定资产需要评估其价值;在企业兼并过程中,土地也要作为企业的固定资产进行评估;在进行中外合资过程中,中方往往以提供土地使用权作为资本也需要进行土地价格评估。从理论上讲,土地价值不进入企业的产品成本,就失去产品成本的真实性,在市场竞争中就不能站在同一的起跑线上,失去公平的竞争。土地价格评估是客观需要,因而地价也是客观存在。

(三)建筑地段地价的构成因素

土地价格包括两个组成部分,其一是土地所有权价格;其二是土地价值价格。这是地租论与劳动价值论的综合运用。

1. 土地所有权价格——土地征用费

我国现阶段的土地价格,首先表现为社会主义国家为了使用部分农业土地,并取得土地所有权而向农业土地所有者支付的一笔费用即一定数量的货币资金——土地征用费。土地征用费实际上是土地所有权的价格。

我国《土地管理法》规定,国家建设征用土地,用地单位要向被征地单位支付各项征地费。包括土地补偿费、安置补助费、青苗补偿及地面附着物补偿费。

(1)土地补偿费。农村和城市郊区的土地一般为集体所有,因此土地收益也为农村集体经济组织所得。这是农村集体经济组织通过占有土地而获得的经济利益,国家因建设征用集体所有的土地,首先必须对它原来所得的土地收益给予补偿。补偿土地(包括蔬菜地)的标准,为被征用前三年平均年产值的3~6倍。被征地的年产值计算标准,按被征用前三年的平均年产量和国家规定的价格计算。

(2)安置补助费。土地既是农村集体经济组织的生产条件之一,又是农业劳动者必要的就业保证。国家建设征用土地,用地单位除支付补偿费外,还应当支付安置补助费。被征地农业人口的安置补助费,为该地被征用前三年平均每亩年产值的2~3倍(最高不得超过被征用前三年平均年产值的10倍)。

(3)青苗补偿及地面附着物补偿费。农村集体经济组织在转让土地所有权时,也失去了土地的经营使用权,从而形成了土地投资的损失。建设征用集体所有的土地,也必须对农业集体经济组织的土地投资损失给予合理的补偿。土地投资是为了利用土地而投入的资金和劳动。它可以是有形的,如建筑物、青苗、树木等;也可以是无形的,如土壤的人工肥力和其他土壤改良措施等。

对于刚刚播种的农作物,按季产值的1/3补偿工本费;对于成长期的农作物,最高限额按一季生产量、产值补偿;对所拆迁的农村房屋(主要指农民房屋),按照"原拆原建略有改善"的补偿标准原则,由农民自拆自建,建设单位按规定标准支付补偿费。

2. 土地价值价格——土地开发建设的投资

国家征用的农村土地,一般是自然状态的土地。要成为建筑地段,国家要进行土地开发和再开发。土地开发和再开发的投入,包括城市基础设施的资金投入,应计入地价,以出让价格形式得到补偿。在土地使用权转让过程中,土地使用人对土地的再投入资金及其收益也应计入地价,以转让价格的形式得到补偿。

第二节 房价与房租

房屋(包括住宅与非住宅)是人们在建筑地段上投入大量物化劳动和活劳动后建造完成的劳动产品。在其产品上凝结着巨大的价值。当完成建造过程作为商品进入流通领域时,必然按照商品经济法则进行等价交换。房屋交换,分出售与出租两种形式,与之相适应房屋的价格也是房价与房租两种表现形式。

一、房　　价

(一) 房价的概念

房价即房屋出售价格。房屋出售是指房屋所有者或经营者把房屋的使用价值一次性整体转让。通过转让实现房屋商品的价值。房屋价格是房屋价值的货币表现形式。

(二) 房价的构成因素

房屋出售价格构成的因素包括四大部分即生产成本、流通费用、税金和利润。

1. 商品房屋的生产成本

商品房屋的生产成本所表现的那部分价值，是在商品房屋生产过程中消耗的物质费用和人工报酬的总和。生产成本是制定商品房屋价格的最低界限，是商品房屋价格中最主要的组成部分。

商品房屋的生产成本包括八项构成因素：

(1) **土地使用权出让金。**是房地产开发企业取得土地使用权而支付的费用。在实行土地使用权出让办法以前，房地产开发企业往往用支付土地征用费的形式取得土地使用权，在这种情况下，土地征用费就成为房价的构成因素。一些带社会保障性的住宅(如危改、解困、安居工程、合作住宅等)依法行政划拨土地，则不包括此项构成因素。

(2) **拆迁安置补偿费。**包括拆除旧建筑补偿费、拆迁户的搬迁费、临时过渡费、拆迁户的安置费等。包括在危房改造过程中用货币补偿代替实物补偿的费用。

(3) **勘察设计及前期工程费。**包括规划、设计、可行性研究、勘探、"三通一平"以及办理各种执照过程中发生的生产费用等。

(4) **房屋建筑安装费。**

(5) **基础设施建设费。**包括道路、供水、供电、供气、排污、排洪、通讯、照明、绿化、环卫等配套项目的建设费用。目前在房地产开发建设中按规定交纳大配套费。

(6) **非营业性配套公共建筑建设费。**包括派出所、居委会、自行车棚、消防、公厕、幼儿园等建设费用，俗称"小配套费"，即小区内的公建配套费。

(7) **管理费。**包括管理人员的工资、办公、差旅费以及固定资产折旧费、职工教育费。

(8) **贷款利息。**

2. 商品房屋的流通费用

商品房屋的流通费用主要是商品房屋建成后尚未销售交付使用期间的维护、管理费用以及经营人员的各项费用和办公费。

3. 商品房屋的税金

税金是商品房屋生产者依照我国《税法》的规定向国家无偿交纳的货币额。目前房屋生产者在生产过程需向国家交纳的税种有营业税、城市维护建设税、投资方向调节税；因其所有的固定资产需向国家交纳房产税、车船使用税；因其盈利需向国家交纳所得税、能源交通建设基金以及奖金税。

4. 商品房屋的利润

商品房屋生产者在扣除生产成本、流通费用、税金以后的余额，即企业利润。是房地产开发过程中劳动创造的剩余价值。

以上四个因素构成商品房屋的出售价格。此外，在市场经济条件下商品房屋的销售价格受市场供需关系的调节。具体房屋的售价还受房屋的地段因素、楼层因素、朝向因素的影响。

二、房　　租

(一)房租的概念

房租是房屋租赁的价格。承租人为了得到房屋的使用权,按契约(或合同)的规定,分期(每年或每月)支付给房屋出租人一定数量的货币额。这种货币额就是房租。马克思指出单纯的房租"是投在房屋上的资本利息和折旧"(《资本论》第三卷第872页)。恩格斯在《论住宅问题》中指出："对消耗期限很长的商品,就有可能把使用价值零星出卖,每次有一定的期限,即将使用价值出租"(《马克思恩格斯选集》第二卷第531页)。广义的房地产租金,包括房租和地租两个部分。

(二)房租的形态及其构成因素

恩格斯指出："租价,即所谓的租金的构成部分是:(1)地租;(2)建筑资本的利息,包括承造人的利润在内;(3)修缮费和保险费;(4)随着房屋逐渐破旧无用的程度以每年分期付款方式支付的建筑资本补偿费(折旧),包括在利润内"(《马克思恩格斯选集》第二卷第488页)。

房价是房屋价格的基本形式,房租是房屋价格派生的形式。房租是以房价为基础制定的。房租的计划价格有三种形态,即生产成本租金、经营成本租金和理论租金(或商品租金)。由于房租的形态不同,其构成因素也有不同。

1. 生产成本租金及其构成因素

生产成本租金是根据商品价格以成本为最低界限的价格理论为依据制定的。它是维持房屋简单再生产、回收房屋生产成本的房屋租金形态。其构成因素包含:

(1)折旧费。房屋在长期使用过程中,由于自然与人为损耗,价值逐渐减少,这部分因损耗而逐年减少的价值的货币表现就是折旧费。房屋出租是固定资本贷放。其已经消耗的价值部分,应通过租金得到补偿。商品价值的公式,以 $C+V+m$ 表示。C 是不变资本,V 是可变资本(即工资),m 是剩余价值。在生产成本租金的构成中,舍去了 m 部分;折旧费和修缮费是 C 部分;管理费是 V 部分,生产成本租金的价值构成是"$C+V$"。

(2)修缮费。是房屋进入流通领域后,出租人为了确保房屋的正常使用而支出的追加投资。房屋的修缮是房屋的局部再生产,修缮工人的劳动创造价值。出租人支付的平均修缮费应在租金内得到回收。

(3)管理费。是房屋进入流通领域后,为实现房屋价值所支出的一系列开支。如管理人员工资支出、办公用品及各类固定资产折旧费、广告费、职工业务培训费、差旅费等。

2. 经营成本租金及其构成因素

经营成本租金是房产经营部门按照经营成本即生产成本加上经营过程中所必须支付的费用而形成的房屋租金形态。其构成因素除生产成本租金中包括的折旧费、修缮费、管理费之外还包括利息和税金。这两项费用,都是房产经营部门进入经营成本必需的开支。

利息指承租人占用房产经营企业所交纳的资金占用费。

税金是指目前政府向房产经营部门开征的房产税。

经营成本租金的获取,基本可以保证房屋的经营成本,达到"以租养房"的目标。

3. 理论租金(商品租金)及其构成因素

房屋的租赁价格(房租)如果完全按照等价交换原则进行流通,则房屋的租金应该是包括剩余价值在内的房屋价值($C+V+m$)的货币表现。构成单纯的商品房理论租金的因素是：(1)折旧费；(2)修缮费；(3)管理费；(4)利息；(5)税金；(6)利润(房产经营企业的利润)；(7)保险费(房产经营企业向保险公司投房屋财产保险所支出的费用)。

由于在房屋租赁过程中土地使用权随着房屋的出租而转让，因此广义的房地产租金还包括地租。

若按照商品房理论租金收取房租，不仅使房屋租赁能逐渐收回房屋的建设资金，而且能够实现利润，实现房屋的扩大再生产，从而也就能够使房产经营企业进入良性循环而不断发展。

(三)房租形成的机制及其相互关系

房租形成机制指房租价格的形成是国家规定还是由市场供需关系决定的这种建立房租价格的机制。前者形成的房租称之为房租的计划价格；后者形成的房租称之为房租市场价格。计划价格和市场价格是形成价格的两种形式。前述的三种房租形态及其构成是指房租计划价格制定过程中应遵循的基本理论。由于住宅是基本的生活资料，因此在制定房租的计划价格时，除遵循基本理论外，还要与每个时期的人民负担能力相结合，采取哪种租金形态，需要根据社会平均的人民负担能力来决定。目前我国基本上都是实行国家规定的房租计划价格。在社会主义市场经济条件下，要发挥市场配置资源的基础性作用，商品价格的形成，就要逐步由计划价格转向市场价格。目前，我国的绝大多数商品的价格已经放开，建立了价格的市场形成机制，即由市场的供需关系调节商品的价格。由市场供需关系形成的商品市场价格，它能够反映商品的价值和供需关系。房屋既是商品，房租这种价格在市场经济条件下同样也要逐步建立市场形成机制，逐步向房租的市场价格并轨。但是限于我国人民家庭收入状况，房租价格也要在相当长的时期内实行"双轨制"，即计划价格与市场价格并行。这个过程也是我国城镇住房制度改革的过程，即改革由于计划价格形成的低租金，这种既不反映价值又不反映供需关系的极不合理的房租价格的过程。这种改革只能是渐进式的。由于过去奉行的低租金制度，这种计划价格所产生的弊端其原因主要是违背价值规律，价格扭曲，严重地背离价值，以致造成资金的恶性循环。因此在改革的过程中，首先要使计划价格尽快地实现以价值为基础。第一步按照商品价格以成本为最低经济界限的原则，尽快使租金达到生产成本租金的水平，第二步达到经营成本租金水平，再逐步向理论租金(商品租金)过渡，逐步实现租金价格的并轨。这样才能保证房产经营实现资金的良性循环，才能转变房产经营企业的经营机制，才能实现"两个根本性的转变"。

三、房价与房租的比价关系

(一)房屋租售比价的概念

商品的比价关系是指在同一时间内、同一市场上，不同商品价格之间的比例关系。由于在商品经济条件下，商品的价值量是由生产商品所耗费的平均社会必要劳动时间所决定，实行等量劳动交换，价格是商品价值的货币表现形式，因此，各种商品间的比价，反映商品的社会必要劳动量即价值量之间的比例关系。商品的比价关系是价值规律的要求。商品比价，有各生产部门产品间的比价，也有同一部门内部生产的各种产品间的比价。

房屋租售比价是指同一时间、同一市场、同类商品房的房租与房价之间的比例关系。由于房屋的特殊性决定了房屋的交换是租与售两种形式，存在着房租与房价两种价格形式，这两种价格形式之间存在着一定的比例关系。房租是以房价为基础,按照房租的各种构成因素分别占房价的百分比,计算出的货币额之和。因此,房租与房价存在着一定的科学比例。在市场经济条件下,由市场供需关系决定的房租与房价,其比价一般保持基本一致,但是房租的计划价格在一定时期内是静态的、不变的,而市场上的房价是动态的、变化的,二者之间的比价关系往往与科学的正常比价关系不一致,甚至相距过远。房屋租售比价关系是反映房屋租、售两种交换形式交换价值的比例关系。它决定着人们对房屋交换形式的选择。

(二)房屋租售比价关系的计算

房屋租售比价是房屋售价与房屋租价的比值。根据测算的结果,科学的、正常的房屋售价与租价的比为1:100。用公式表示如下:

$$C = P : R$$

$$或 = \frac{R}{P} \times 100\%$$

式中　C——房屋租售比价;

　　　R——房租价格;

　　　P——房屋销售价格。

正常的房屋租售比价的计算依据:

单纯房租(即不包括地租的房租)由5项因素构成的,经营成本租金,各项因素所占房价的比例分别是:折旧为2%(按耐用年限50年计算);修缮费为1.6%(按修缮费为折旧费的80%计算);管理费为0.4%(按折旧费、修缮费、管理费三项费用之和的10%计算);利息为5.4%(按年利息率5.4%计算);房产税为1.2%。5项因素所占房价比例之和为2%+1.6%+0.4%+5.4%+1.2%=9.6%,即房价是1,年租金额为房价的9.6%,换算成为月租金,月租金额为房价的0.8%。而房价是按建筑面积计算,房租是以使用面积计价,建筑面积与使用面积的比为1:0.75。折合成按使用面积计算的月房租所占房价的比例为1.067%。取其整数,通常即按1%计算。通俗地说,正常的房屋租售比价是:房价大体上相当于100个月的房租。

(三)房屋租售比价与房屋交换形式的关系

在正常的情况下,100个月的房租正好与房屋售价所反映的价值量相等。在这样的条件下,选择买房和租房对于消费者的支付都是一样的。如果房屋的售价大于100个月的房租之和,则说明房租反映的价值量低于房价。假设应当是100个月的房租等于房价,而实际上是1000个月的房租才抵房价,当然买房不如租房合适,消费者就会选择租房而不买房。如果房屋的售价小于100个月的房租之和,则说明房租反映的价值量高于房价。假设应当是100个月的房租等于房价,而实际上是80个月的房租就等于房价,当然租房不如买房合适,消费者就会选择买房而不租房。可见房屋的租售比价与房屋的交换形式有着密切关系。实际比价>正常比价,促进租房;实际比价<正常比价,促进买房。目前,我国房屋售价基本达到2000个月以上的房租之和,消费者不愿买房是客观的。因此,必须提高房租,调整租售比价关系,才能促进售房。

(四)房租率与利息率的关系

房租率是房租占房价的百分比;利息率是利息额占存款额的百分比。同一时期的房租率与利息率是否能保持基本一致,对于房屋租、售两种交换形式有着直接影响。它的规律是:房

租率<利息率时,促进租房;房租率>利息率时,促进买房。因为房价在一定意义上讲也可以说是房租的资本化。用公式表示:

$$P = \frac{R}{r}; \quad R = P \times r$$

式中　P——房价;

　　　R——房租;

　　　r——房租率。

如果房价(P)作为储蓄存入银行,当房租率(r)与利息率相等时,则所付的房租与所得的利息金额相等。消费者可以任意选择买房、租房,与储蓄利息的收支是一致的。当房租率(r)低于利息率(i)时,则以买房款存入银行,用所得的利息支付房租绰绰有余。此时消费者必然选择储蓄、租房,而不买房;当房租率(r)高于利息率时,则以买房款存入银行,用所得的利息不足以支付房租。此时消费者必然选择买房,而不储蓄、租房。目前,我国的年房租率为0.1%,而一年期的储蓄利息率为7.47%。房租率大大低于利息率,在这种情况下,消费者不愿买房也是客观规律决定的。要促进售房,就要提高房租率,房租率实际上是房屋的租售比价,提高房租率也就是要提高房租。

第三节　房价、房租与地价、地租的关系

一、地价通常以地租形式表现

地价是地租的资本化,是以地租为基础计算出来的。在我国城市土地属于国家所有,所有权不能转移,也就是城市国有土地不准买卖。国有土地的使用权允许依法出让和转让,也就是城市国有土地准予出租和转租。因此,在我国的土地价格形式,通常是以地租的形式表现,即土地的出让价格和转让价格,也就是土地使用权的买卖价格。在房地产开发和经营的过程中涉及的土地价格,实际上都是以地租的形式表现。

二、房价与地价的关系

当房地产业向社会提供产品的时候,土地和房屋分别以具体的物质形态出现,既有经过开发投资的建筑地段,也有建成的房屋建筑物,即人们常说的"地产"和"房产"。从表面上看,似乎地产和房产分别独立存在着。然而实际上地产和房产进入流通领域后,表现土地价值的地价和表现房屋价值的房价并不是彼此孤立,毫无联系,而是以房地产销售价格出现。这种房地产价格之间密不可分的经济属性源于房地产自然属性的相对不可分性,房价与地价之间存在着下列关系:

(一)房价中包含着地价,地价隐藏在房价之中

房依地建,房地相联。市场中出售房地产的价格俗称房价。实际上房价不仅仅只是房屋的价格,其中还包含着房屋所占的土地价格。在房地产开发过程中,地价已经以土地出让金的形式计入开发成本,得到实现。因此说,房价中包含着地价,地价隐藏在房价之中。

(二)地价对于房价起着决定性的影响

同样的建筑,不论在任何地方,建筑造价是相同的。在繁华地区和偏僻地区的同类房屋

建筑安装造价基本是一样的。但不同地区的房价却差别很大。繁华地区的房价客观上大大高于偏僻地区的房价。以天津市为例，1995年处于中心地区的和平区一般商品住宅每平方米售价为4000～6000元，而处于市边区的北辰区一般商品住宅每平方米仅1000元左右，相差4～6倍。造成地区间房价差异的原因，主要是不同地段的级差地租的反映。因此说，地价对于房价起着决定性的影响。

三、房租与地租的关系

如前所述，在房地产的租赁关系中，出租房屋同时转移土地的使用权。广义的房地产租金包括单纯的房租和房屋所占基地的地租。通常出租房屋只收房租，实际上俗称的"房租"中已经包括了地租在内，地租部分由房屋出租人向国家交纳。房租与地租的关系是：

(1)"房租"(理论名称是房地产租金)(下同)中包括地租，地租隐藏在"房租"之内。

(2)地租对于"房租"起着决定性影响。

房租是以房价为基础计算出来的。不同地区同类房屋的造价是相同的，不同地区同类房屋的房租也应该是相同的。但事实上不同地区同类房屋的房租水平相差很大。其原因也是不同地段的级差地租不同的反映。这种不同地区同类房屋房租价格的差别，在计划价格形式中表现的不太突出，因为计划价格形式的房租，地区差价只是人为地按照地区等级规定一个调整系数进行调节。调整系数很小，因而不同地区同类房屋租金水平的差异也很小。但是市场价格形式，由不同地区市场供需关系决定的市场租金水平，因供需差异很大，因此租金水平也相差很大。在房租价格双轨制的条件下，由于计划价格常常不能完全反映价值和供需关系，二者在地区差价上有很大的差距，这就造成了在换房过程中从土地等级低的地段的房屋，换到土地等级高的地段上的房屋，要找价。这种价差是市场价格与计划价格在处理级差地租中所形成的差价，是由于计划价格中没有客观反映不同地段供需关系而形成的。

思 考 题

1. 什么叫地租？其产生的条件有哪些？具有哪几种地租形态？
2. 何谓建筑地段地租？构成建筑地段地租的因素有哪些？
3. 什么是地价？我国存在地价的依据是什么？
4. 什么叫房价？房租？房价的构成因素有哪几个？房租存在哪几种形态？试叙述各形态的构成因素。
5. 什么叫房屋租售比价？如何用公式表示？试述房屋租售比价和房屋交换形式的关系。
6. 房价和地价之间有什么关系？房租和地租之间有何关系？

第五章 房地产的资金循环运动

在商品经济条件下,一切商品生产,都是流通过程与生产过程的统一,实现资金的良性循环运动。在货币——商品——货币的转化过程中,实现货币增值,从而不断地进行扩大再生产,不断地满足日益增长的社会需要。社会需要是不间断的,生产也是不间断的,资金循环运动也是不间断的。资金运动对于商品再生产犹如人体中的血液循环,时刻不能停止。房地产经济运动,同样如此。而且房地产具有房地相连的相对不可分性,在资金循环运动上有其特殊的形式和规律。房地产价值大,在生产和购置消费过程中,都需要金融信贷的支持,房地产业与金融业具有特殊的关系,房地产信贷融资实际上构成了房地产资金的一个重要组成部分。房地产的资金循环运动是否通畅是房地产经济能否按照商品经济运行机制运行的制约条件,它关系到房地产经济效率和房地产业的发展。本章主要叙述房地产的投资结构、房地产金融、房地产资金循环运动的形式以及房地产经济运行机制和经济效率等,目的在于揭示房地产资金运动中的经济关系和经济规律。

第一节 房地产的投资结构

房地产的投资结构,按资金来源划分如下:

一、国家投资

房地产开发建设包括土地开发和房屋开发建设两部分组成。房地产的生产资金也包括土地投资和房屋建设投资两个部分。房地产投资结构中的国家投资也分为两个部分:

(一)国家的土地投资

我国《宪法》和《土地管理法》规定城市土地属于国家所有,农村土地属于集体所有。国家为了公共利益的需要,可以依照法律的规定对土地实行征用。土地的使用权可以依照法律的规定转让。这些法律规定,就规范了国家土地投资的资金循环运动形式。

国家决定扩大城市规划区,从事新区房地产开发建设,首先是要向集体征用土地。而征用集体所有的土地,需要国家向集体支付土地征用费(包括青苗补偿费、劳动力安置费等)。实际上是国家向集体支付买地的地价。即使是建设单位支付征地费,也是代国家支付的地价。因为征用的土地,其所有权只能归国家所有而不能归建设单位部门所有。因此,国家的土地初次投资首先表现为国家支付的征地费。

由于国家征用的土地,一般是未经过开发的自然状态土地(包括耕地)。要作为建设房地产使用的建筑地段,还需要投资进行土地的开发建设,包括市政基础设施(含道路、桥涵、给排水等)建设,公用事业地下管网及通信、供电设施建设。这些土地开发大配套项目的建设投资是国家在建设建筑地段上的再投资。

上述国家支付的征地费和建筑地段的开发建设投资是国家在房地产开发建设中的土地

总投资。

(二)国家的房屋建设投资

国家在房屋建设上的投资也分为两个部分:

其一,是国家预算内拨付的房地产建设资金。此项资金是作为基本建设项目中的生产项目(工业厂房)或非生产项目(住宅)的建设资金下达给建设单位。这部分国家投资是有形的。

其二,是国家为解决中低收入职工家庭住房问题,兴建安居工程经济适用房所减免的税费。包括行政划拨建设用地,免收的土地使用权出让金;由国家负担的大配套费用等。这部分国家投资是无形的,也是常常被人忽视的。

以上国家在土地上和房屋建设上的两部分投资,构成房地产投资结构中国家投资的总和。

二、社会投资

房地产开发建设的社会投资,包括企业和个人的投资。主要表现为除全民所有制房地产开发企业以外,其他多种所有制(包括股份制)的房地产开发企业和住宅合作社的房地产开发建设投资以及个人建房投资。住宅合作社主要是社员个人出资和所在企事业单位出资。在计划经济体制下,住宅建设主要是国家投资,这种单一的投资结构,受国家财力的制约,难以满足社会需求。在我国住房制度改革中提出了发挥中央、地方、企业、个人四个积极性进行住宅建设的原则,变单一的投资结构为多元化的投资结构。国家投资受财政承受能力的制约,比重逐渐下降,社会投资比重逐渐上升,居于主要地位。

社会投资的主要组织形式是房地产开发企业。他们在房地产开发建设过程中,首先向政府申请批地,交纳土地使用权出让金,办理受让土地使用权手续。这样就把国家的土地投资部分转移到社会投资结构之中,因此,当前房地产开发建设中的投资结构,除很少部分是国家财政出资建房外,绝大部分是属于社会投资。

三、引进外资

随着改革开放的发展,很多沿海开放城市大量引进外资进行房地开发建设。例如,深圳市1979~1990年,外商投资于房地产业的资金达57.52亿元,占同期建设投资总额的24.8%。在开放的城市中外资已成为房地产投资结构中的一条重要渠道。

外商投资的主要组织形式,一是开设外商独资房地产企业;二是与国内资金合作组建中外合资或合作企业。外资或合资企业除去投入原始注册资金外在开发过程中,也大量利用我国信贷资金,但是贷款的偿还者仍是外资或合资房地产开发企业,因此,在投资结构上仍属于引进外资。

房地产投资结构中,理论界有人把信贷资金也作为投资结构之一。在实践中信贷融资也确实成为房地产建设资金的重要来源之一,但是这种信贷资金要看由谁偿还,信贷融资的债务人实际上是直接投资者。如果是由社会投资的房地产开发企业负责偿还的银行贷款,偿还后最终是企业的投资来源之一,它仍属于社会投资结构。信贷融资仅是融资的一种形式(手段)而不是资金的最终来源,因此,不宜列为一项独立的投资结构。

第二节 房地产金融

一、房地产业与金融业的关系

房地产业与金融业同属第三产业的两个行业。两个行业之间有非常密切的关系,主要表现在以下两个方面:

(一)房地产业的发展有赖于金融业的支持

第一,房地产的价值很大,房地产的开发建设要投入大量的资金。一般的开发商很难完全依靠自有资金进行开发建设,而需要在开发建设过程中利用银行贷款。

第二,房地产开发建设过程中使用的流动资金占用量是不均衡的。前期准备阶段占用的资金较少,主要是用于申请用地的费用和规划设计费用;进入正式施工阶段,大量进料,占用的资金就要大量增加;随着工程进程的进展,一般在二层主体工程封顶以后即可预售,收回部分资金。各阶段占用资金的时间长短也不均衡。在大量需要资金时利用银行贷款,不需用或收回部分资金时立即偿还部分贷款,这样所支付的利息要比长期占用自有资金的机会成本要低,短期利用银行贷款更为有利。

假设,某处房地产开发建设工程需要投入 10 亿元资金,从申请用地开始到建成出售的全部工期是 2 年时间,前期准备阶段占用资金 2 亿元,时间为半年;进入正式施工期间是一年,平均占用资金 6 亿元,后期配套工程费需占用 2 亿元,占用期半年。从一年以后预售楼花,陆续收回售房款 6 亿元。而资金回报率为 20%,一年期存款利息率为 7.47%,一年期贷款利息率为 10.08%。则:完全利用自有资金和利用银行贷款,将发生不同的成本:

1. 全部利用自有资金的利息成本

由于 10 亿资金要在整个 2 年施工期间占用,只能存入银行按一年期储蓄利率计算利息收入:10 亿元×7.47%×2=1.494 亿元;

如果此项资金不是存入银行作项目备付金而是投入其他开发项目,按资金回收率 20% 计算,两年可以回收经济效益:10 亿元×20%×2=4 亿元,二者比较,完全用自有资金存入银行作为项目备付金,比投入其他项目,在此期间减少收益为:4 亿元-1.494 亿元=2.506 亿元。

2. 部分利用银行贷款的利息成本

如果只是前期工程款 2 亿元利用自有资金,开工后即利用银行贷款 6 亿元,一年后用预售房屋收回的 6 亿房款归还银行贷款。后期配套工程款 2 亿元仍利用银行贷款,则应付银行贷款利息为:6 亿元×10.08%×1+2 亿元×10.08%×0.5=7056 万元。

利用自有资金 2 亿元,为期 2 年,较投入其他开发项目减少收益为:2 亿元×20%×2-2 亿元×7.47%×2=5012 万元。

以上两项相加,利用部分自有资金和部分银行贷款,减少收益和加大利息支出的总成本为:5012 万元+7056 万元=12068 万元。

1 项与 2 项相比,利用部分银行贷款较全部利用自有资金的利息成本差为:2.506 亿元-1.2068 亿元=1.2992 亿元。即利用部分银行贷款的利息成本要低于全部利用自有资金的利息成本低 1.2992 亿元。因此,利用银行贷款对开发商更为有利。

第三,房地产开发企业可以发行股票、债券直接向社会融资。

资质信誉好的房地产开发企业,经过政府批准可以通过金融机构向社会发行股票或债券,直接利用社会闲散资金,补充自有资金的不足。特别是在一些金融发达的国家和地区,房地产开发企业较多地运用这种手段。

(二)房地产市场是最可靠的、最大的金融市场

1. 房地产市场是最可靠的金融市场

安全性是金融信贷首先要考虑的因素。房地产信贷,一般都是以房地产作为抵押的贷款。到期不能偿还时,可以处理抵押标的物房地产,拍卖所得优先偿还银行贷款。因此,房地产抵押贷款有可靠的安全性。

安全性、增值性、流动性是信贷融资必须考虑的问题。

安全性是其中最主要的问题,必须确保贷出的贷款能按时收回,防止发生呆帐损失。增值性是指贷款利息收入必须大于存款利息支出,保证银行的经济效益。流动性是指贷款回收的周期,贷款周期必须低于存款周期才能保证信贷资金的周转使用。

2. 房地产市场是很大的金融市场

由于房地产开发建设和购置,所需的贷款金额均较大。一般银行的房地产信贷存、贷款余额均在数百亿元以上,即以开展房地产信贷业务较迟的工商银行为例,到1995年6月底,全行房地产信贷存贷款业务的市场占有率已达40%以上(《天津日报》1995年8月17日第二版)。实践证明,房地产市场是很大的金融市场。

3. 政策上要求银行介入房地产市场

在住房制度改革中,出于收储和运用房改资金(含住房公积金、住房债券、公房付房款等)的需要,要求银行介入房改业务。烟台、蚌埠适应房改需要组建了住房储蓄银行。各城市建设银行随着房改的开展组建了房地产信贷部。在开展出售公房业务和启动房地产市场工作中,国家制订金融信贷向消费信贷倾斜的政策。这些都促进金融业与房地产业的密切结合。

4. 房地产开发经营业务常常成为银行自身业务的组成部分

一方面由于到期不能偿还的房地产抵押贷款,其抵押标的物房地产常常通过评估作价冲销贷款呆帐成为银行的固定资产。银行因而成立房地产部直接经营。另一方面由于银行拥有大量资金,往往直接从事房地产开发经营业务,增加银行的收益。

由此可见,房地产业与金融业存在着内在联系,关系十分密切。二者常常由业务上的结合发展成为业务上的融合。目前,房地产金融已成为金融业的一个重要分支。在国外有的房地产信贷合作社发展成为房地产金融集团。

二、房地产融资形式

(一)政策性房地产融资

政策性房地产融资是指不以盈利为目的,按照国家规定的低利息率从事储贷的房地产金融业务。服务对象主要是向带有社会保障性住宅的建设者和购买者提供的贷款。具体形式有:

1. 住房公积金储蓄与贷款

现行政策性房地产融资主要形式是住房公积金存款和使用公积金进行的低息贷款。住

房公积金是根据房改政策的规定由职工个人和职工所在单位各按职工上年度月工资总额的一定比例(目前规定各按 5%)提存的住房消费基金。是按照国家规定的较低利息率计息的强迫储蓄,用于职工买房、建房、修房,职工退休时一次性返还本人。住房公积金的性质是属于职工个人所有的工资。这种办法是从新加坡引进的。

国家利用公积金存、取的时间差形成的沉淀资金作为安居工程、危改、解困、合作建房等社会保障性住宅的建设贷款和消费贷款。为了降低房价,减轻买房职工的负担,一般采取低利息率的贷款政策。所谓"低来低走"即在公积金存款利息率的基础上,一般加 2 个百分点作为贷款利息率。

对于政策性房地产融资所采取的利息政策,在理论界有不同的认识和主张。一种认为为了照顾职工负担能力,应该采取低利息率政策;一种认为照顾职工负担能力主要应从提高贷款额度和延长还款期限来考虑,相对降低职工每期还款的金额,而不宜过多地降低利息率。政策性贷款,利息率贯彻不以盈利为目的的原则,应在一般商业存款的利息率基础上适当增加 1~2 个百分点,作为贷款利息率以维持银行的管理费用开支为度。认为如果采用"低来低走"的原则,其一是除去按国家房改政策的住房公积金,采取强迫储蓄的手段能够保证低息储存额之外,职工因利息率大大低于一般商业性存款,而不愿参加住房储蓄,影响扩大储蓄余额,制约政策性贷款规模。另一方面政策性低息贷款很可能出现利息倒挂,即政策性贷款利息率反而低于商业性存款利息率。在这种情况下,贷款者有可能尽量推迟还款期,将本来可以用来偿还贷款的资金作为存款存入商业银行,而谋取倒挂的利息差作为个人收益,因而放慢了政策性信贷资金的周转速度。从融资的规律分析,后者的认识确有一定的理论基础。

在降低政策性房地产贷款利息率的方法上也有不同的主张。一种主张,直接利用政策性的低息强迫储蓄作为政策性贷款的信贷资金,"低来低走";一种主张不把政策性的强迫储蓄直接作为政策性贷款的信贷资金贷出,而是用作贴息支付给银行,银行冲抵借款人少付的利息。理由是运用贴息和使用低息贷款,对于贷款人来说降低利率的效果是相同的,但信贷规模则大不相同。因为银行的一年期固定资产贷款利息率为 10.08%,用 1 亿元的贴息,即可调动 10 亿元的银行商业信贷资金,其效果较直接用作信贷资金可以扩大 10 倍的信贷规模。目前,住房公积金的储蓄余额仍然有限,不如采用贴息的方法,可把商业银行的居民储蓄余额,引导到住房消费信贷。

2. 住宅产业发展基金

在住宅产业如何成为新的消费热点和新的经济增长点的讨论中,理论界提出建立住宅产业发展基金的建议,主要论点如下:

(1)建立住宅产业发展基金的必要性 第一,建立住宅产业发展基金是提供带有社会保障性住宅信贷资金的需要发展住宅产业,主要是面向中低收入职工家庭提供带有社会保障性住宅。这种住宅的价格必须适应中低收入职工家庭的支付能力。因此,在开发建设过程中除享受国家给予的税费优惠待遇外,国家并要提供低息贷款;同时职工在买房过程中,也需要低息贷款的支持。这种带有社会保障性住宅的建设贷款和消费贷款加在一起,金额巨大,需要建立专项基金支持其发展。

第二,建立住宅产业发展基金是发展住房公积金的需要

住房制度改革中,住房公积金的作用越来越显著。然而住房公积金在发展中有其自身的局限性。因为它是一项具有全社会性的强制储蓄,缴交率的增长幅度受社会平均承受能力的

制约,不可能提得过高;也不可能把富裕企业和高收入者的余资吸引进来,它的归集额客观上受到限制。发展住宅产业发展基金则可弥补住房公积金的不足,用发行债券的形式,广泛吸引社会上的闲散资金用于支持住宅建设。

第三,建立住宅产业发展基金是集中使用盘活公有房地产存量所发生资金的需要

当前,在深化住房制度改革中,各个城市相继提出盘活公有房地产存量的措施,包括出售公房、公房有偿置换、出让和转让公房使用权以及收取租房保证金等等。盘活存量所发生的资金如能集中使用,则对住宅建设将发挥很大的支持作用;但如不加强管理集中使用,一方面不能发挥其应有的作用;另一方面容易造成国有资金的流失,甚至产生贪污腐败。因此,有必要规定把盘活存量所发生的资金按一定比例归集起来建立住宅产业发展基金,用于支持住宅建设,发挥更大的作用。

(2)住宅产业发展基金的构成　住宅产业发展基金的建立,立足于房地产业自身发生的资金的转化和集中。主要包括以下三个部分:其一,按一定比例归集的公有房地产盘活存量所发生的资金(包括出售公房、其他各种形式盘活存量发生的资金和土地使用权出让金划归地方财政收入的一部分);其二,住房公积金的沉淀资金;其三,向社会发行住宅产业债券。

(3)住宅产业发展基金的用途　住宅产业发展基金的主要用途包括:其一,建立住宅社会保障基金,用于社会保障性住宅建设贷款和消费贷款的信贷基金以及支付贴息和最低收入家庭的住房补贴;其二,建立住宅信贷金融保险基金,开展金融保险业务;其三,用于住房公积金政策规定的原来用途。

(4)住宅产业发展基金的经营与管理　住宅产业发展基金采取经营与管理分开,互相制约、互相协作的体制。管理职能包括:制订政策;审批经营和使用基金的年度计划;对经营、使用基金的执行情况进行监督、检查、指导;以及协调有关部门的工作。住宅产业发展基金是一项专用的信贷基金,只能滚动增值使用,而不能消耗掉。因此,应该允许依法经营。经营的范围包括:在保证其主业需要的前提下,可用沉淀的资金从事下列经营活动:其一,参与商业性信贷;其二,参股经营房地产中介企业,完善房地产市场体系;其三,参股经营土地开发,提供建筑地段但不得直接参与房地产开发业务,防止不平等竞争,影响房地产市场的正常发展。

(5)住宅产业发展基金的管理体制　住宅产业发展基金的管理机构由现有的城市住房资金(或住房公积金)管理中心更名为住宅产业发展基金管理中心负责,作为事业单位,纳入政府行政机关序列。

住宅产业发展基金的经营机构,以现有的建行房地产信贷部为基础,扩建为住宅银行。住宅银行是人民银行领导下的金融企业法人,既有政策性行政银行的职能,管理和指导各个商业银行的房地产信贷业务(住宅银行不排斥其他商业银行开展房地产业信贷业务),收储和使用住宅产业发展基金,发行住宅产业债券;又有商业性银行的职能:房地产信贷资金自求平衡,自负盈亏,开展一般性房地产储贷业务。住宅银行的住宅产业发展基金的收储、使用、经营业务,接受住宅产业发展基金管理中心的检查、指导。

3. 储贷结合建立租房保证金

储贷结合建立租房保证金,以息抵租,是在利息率高于房租率的条件下,运用信贷机制增加租房有效需求的一种方法。也是政策性房地产融资的一种特殊形式。

租房保证金是在建立房屋租赁关系时由承租人向出租人提供履行租赁合同的担保抵押金。在租赁期间,承租人如有因违反合同规定而造成的损失,由出租人从保证金中扣除;如未

发生违约损失,终止租赁合同时,由出租人将租房保证金退还给承租人。

储贷结合建立租房保证金,以息抵租,指租房保证金的一部分由承租人向银行储存(不低于保证金总额的 40%),下余部分由银行贷款。储、贷两部分结合起来,在银行开立保证金储蓄户头。将存折交付出租人作为抵押,或由出租人委托银行保存。保证金的存款利息按年划给出租人(房产经营部门)抵付房租。承租人仅按月偿还银行贷款部分的本息,不再向出租人支付房租。终止租赁合同时,出租人将保证金存折退还给承租人,承租人即可取出全部租房保证金。

租房保证金的计算公式:

$$F = \frac{R}{i}$$

式中　F——租房保证金;

　　　R——年房租额;

　　　i——一年期定期存款利息率。

由于租房保证金是年租金除以年利息率,采用房租资本化法(收益还原法)计出的保证金额,如利息率等于房租率,则保证金额等于房价,保证金的利息等于房租;但由于利息率高于房租率,用利息率计出的保证金低于房价。用公式证明如下:

$$F = \frac{R}{i}, \quad R = F \cdot i; \quad P = \frac{R}{r}, \quad R = P \cdot r, \quad F \cdot i = P \cdot r$$

如:$i = r$,　则 $F = P$。

因为 $i > r$,　所以 $F < P$。

式中　F——保证金;

　　　P——房价;

　　　i——年利息率;

　　　r——房租率。

在当前利息率高于房租率的情况下,群众认为买房不如存款用利息付租合算。但用储贷结合建立租房保证金,其金额低于房价,而且可以储 40%,贷 60%,每期偿还银行贷款本息的金额还低于应付的房租,这就大大减轻了负担。而且住户只需偿还贷款本息,不另付房租,当贷款还清,终止租赁关系时,还可以取出全部租房保证金,对承租人住户十分有利。

对于银行,保证金是担保抵押金,出租人并不能动用。因此,银行只是实存,虚贷,贷款部分不需支付现金,只作转帐手续,不会加大房地产信贷规模。拨付给出租人作为抵租的利息,一部分是承租人实际存入的存款形成的利息,这是银行应该支付的;一部分是承租人按期偿还贷款本息中由承租人支付的利息。由于利息需要每年向出租人拨付一次,因此,保证金存款采用一年期定期储蓄利息率。而保证金在终止租赁关系之前始终是存在银行,实际上是长期储蓄,但支付的存款利息却是按一年期的短期存款利息率计算。因此银行实际获得了长期存款应付的利息与短期存款实付利息的利息差,增加了银行的经济效益。此办法,对银行也很有利。

对于国家(包括作为公房出租人的房产经营部门),以保证金的利息抵付房租,实实在在地提高了租金,加快了低租金改革的步伐,有利于机制转化。再则政府可与银行商定,住户存储的保证金部分,可以定向用于房地产贷款,有利于发展房地产业。

这个办法是利用信贷机制扩大租房有效需求的有效办法。利用信贷扩大买房需求是习以为常的,用贷款支付房价,贷款由买房人陆续偿还。利用信贷机制扩大租房有效需求,则不能用贷款直接作为房租消费支出消耗掉,只能用贷款建立一种基金,使用基金的利息去支付房租。这是房地产信贷融资理论深层次地开发应用。

(二)商业性的房地产融资

商业性的房地产融资指以盈利为目的的房地产信贷融资业务。商业性的房地产融资形式包括:商业性按市场利息率计息的房地产存款、房地产贷款(含信用贷款和抵押贷款)、住房按揭贷款以及发行房地产有价证券(含房地产开发经营企业股票、债券、奖券等)和证券交易等形式。服务的对象主要是房地产开发商和购买商品房的高收入消费者。由于政策性房地产融资的服务对象有严格地限制,它是一种带有社会保障性(福利性)的房地产融资,一般按低利息率计息或享受贴息,因此它只能对国家规定的扶植对象安居工程建设者和中、低收入职工家庭购房者服务。但是开发商和高收入阶层在从事房地产开发建设或购买商品房时也需要信贷融资的支持,这就要求商业性的房地产融资为其服务。西方发达国家,金融政策较活,融资渠道较多。在买地以后,即可以土地使用权进行抵押贷款,从事后续的房地产开发活动,而且发行房地产有价证券也比较容易,发行股票或债券,上市流通就解决了信贷资金流动性的问题,缓解了存款期限短、贷款期限长、信贷资金周转不灵的矛盾。买房按揭是一种比较普遍的房地产消费贷款的融资形式。买房的消费者凭购买现房或期房的契约即可向银行提出抵押贷款申请。以契约为抵押标的物由银行与房屋买卖双方签定贷款合同,银行支付贷款,付清房价,由购房者会同银行和卖方办理产权登记手续,再以房地产契证作为抵押标的物,交银行保存。待贷款本息偿清后,银行退回抵押标的物的契证,如不能按期归还时,银行即可依法处理抵押物。按揭贷款是以房屋产权证作抵押,按揭贷款一般不需要其他的抵押物或其他的经济担保。这种贷款是以购买新房的房价作为抵押物的价值,一般不需要再重新估价。贷款限额,在我国一般是房价的50%～70%,在国外有的高达房价的80%～90%。这种融资形式运作简便,是比较受人们欢迎的形式。由于这种形式是以买房契约或产权证作为抵押物,不同于其他的抵押贷款要向银行提供实物抵押,住房按揭抵押只抵押所有权,债务人仍有使用权。

三、房地产信贷资金注入的方向

房地产信贷资金实际上已构成房地产开发建设资金和买房消费资金的组成部分,加入到房地产再生产资金运动之中。负债建设、负债置业已是国际惯例,房地产市场离开融资的支持,就难以兴旺发达。房地产信贷资金的注入方向与市场供需关系,有着内在联系。

(一)房地产信贷资金的两个投向

注入房地产开发建设领域的信贷资金称之为房地产建设贷款(或生产贷款)。它构成房地产生产资金,支持房地产开发建设活动,发挥增加房地产有效供应量的作用。贷款利息形成商品房成本,计入商品房生产价格,通过售房款回收补偿。

注入房地产消费领域的信贷资金称之为房地产消费贷款。它构成房地产消费资金,支持买房消费活动,发挥扩大房地产有效需求量的作用。贷款利息进入家庭消费。职工利用贷款买房,实际上相当于透支以后实现的家庭收入,变未来的潜在支付能力为现实的有效支付能力,变潜在需求为有效需求。

(二)偿还房地产贷款本息的方式方法

偿还银行贷款本息的方法有分期等量偿还与不等量偿还两种方式。

1. 分期等量偿还贷款本息方式

分期等量偿还贷款本息方式又有按单利计算和按复利计算两种计算方法。

按单利计算方法,是按照偿还贷款期限的长短,采取不同的利息率。利息率与还款期成正比。利息是资金时间价值的货币表现形式,占用资金的时间越长,形成的资金时间价值越大,利息率越高。例如,人民银行规定的现行利息率(从1996年8月23日起调整后的利息率),一年期固定资产贷款年利息率为10.08%,五年期以上固定资产贷款年利息率为12.42%。

按单利计算的年平均等量偿还金额的计算公式为

$$A = \frac{P_0}{n} + \frac{P_0 + P_n}{2} \times i$$

式中　A——年均等量偿还金额;

　　　P_0——首期贷款金额;

　　　P_n——末期贷款金额;

　　　n——贷款偿还期;

　　　i——贷款年利息率。

按复利计算方法,是按同一的利息率,把每期(年)的利息加入本金,滚动计息。

按复利计算本利和的公式为

本利和＝本金×(1＋利率)^{时期}

　　　　＝$P_0(1+i)^n$

等量偿还本息的公式为

$$A = P \times \frac{i(1+i)^n}{(1+i)^n - 1}$$

式中　A——年均等量偿还金额;

　　　P——贷款金额;

　　　i——贷款年利息率;

　　　n——贷款偿还期。

2. 分期不等量偿还贷款本息方式

分期不等量偿还贷款本息是根据借款人家庭收入和支出变化情况与银行协议分阶段,按不等量金额偿还的一种方式。一般新参加工作的职工,开始时收入较少,以后工资将提高。不等量偿还,可在开始阶段,每年少还一些,经过一定时期(例如五年以后)再加大偿还金额。

(三)房地产信贷投向调节供需关系的规律

由于房地产信贷资金投入建设方刺激供应量;投入消费方刺激需求量,因而在房地产市场供需关系发生变化时,信贷资金应该调正投入方向以调节供需关系。它的规律是:在供不应求时,信贷资金投向应向房地产开发建设方倾斜,从而增加房地产有效供应量;在供大于求时,信贷资金投向应向房地产消费需求方倾斜,从而增加房地产有效需求量,以保持房地产供需总量基本平衡。

第三节 房地产资金循环运动

一、房地产资金循环运动的基本形式

房地产是商品,房地产资金循环运动和其他商品资金循环运动的基本形式相同,都是从货币资金通过流通过程转化为生产资金,即用货币购买生产资料和支付劳动力工资;进入生产过程,建设成商品房变成商品资金;再通过流通过程,出售商品房换成货币,商品资金再转化为货币资金。由商品资金转变后的货币资金其数量大于原投入的货币资金,即带着在生产过程中,由剩余劳动创造的剩余产品所形成的剩余价值流回。如此周而复始地往复循环运动,实现房地产的不断再生产。房地产资金循环运动与其他商品资金循环运动一样,是流通过程与生产过程的统一。用公式表示如下:

$$G \text{——} W \Big\langle \begin{matrix} A \\ P_m \end{matrix} \cdots P \cdots W' \text{——} G'$$

其中 G——货币资金;
            W——生产资金;
            A——劳动力;
            P_m——生产资料;
$W'=W+w$——包括剩余产品在内增量的商品资金;
$G'=G+g$ ——包括剩余价值在内增值的货币资金;
    ——流通过程;
$\cdots P \cdots$——生产过程。

货币与商品形态变化流通过程的商品资金循环运动的简单公式(即房地产流通过程的资金运动公式)为

$$G \text{——} W \text{——} G'$$

即房地产经营企业用货币资金购买房地产商品,然后出售,换回带着利润的货币资金。

二、房地产资金循环运动的特殊性

房地产资金循环运动与其他商品资金循环运动既有共性又有其特殊性。其特殊性表现为:

(一)地产与房产资金运动的双渠道循环

房地产开发建设包括土地开发和房屋建设两大部分。资金投入也包括土地开发投资和房屋建设投资两大部分。因此,房地产资金循环运动包括地产资金和房产资金双渠道循环的统一。

地产资金循环运动是从货币资金(G)投入征用土地(W)开始转化为生产资金,然后经

过土地开发建设(生产过程)形成建筑地段(W')所代表商品资金,通过土地使用权出让的流通过程转化为土地出让金所代表的货币资金(G'),从而实现地产资金的循环运动。

房产资金循环运动是从货币资金(G)购买土地(国有土地使用权)及其他建筑生产资料和支付建筑安装劳动者工资开始转化为生产资金(W),然后经过施工过程(即生产过程)建成商品房所代表的商品资金(W'),再通过流通过程将商品房售出换回的售房款所代表的货币资金(G'),进行返复循环运动。

在房产资金的循环运动过程中,在第一次货币资金转化为生产资金时,已经溶进了地产资金循环运动。即购买土地使用权时所投入的货币资金,正是地产资金循环运动中所产出的土地使用权出让金所代表的货币资金。在此,已把地产资金循环运动和房产资金循环运动联结在一起,成为双渠道循环的统一体。用图解表示如下:

房产资金循环:G——$W\Big<{}^{A}_{P_m(\text{生产资料}\atop\text{包括土地})}$……$P$……$W'$——$G'$
　　　　　　　　　　　　　　　　　　　　　(商品房)　(售房款)

地产资金循环:G——$W\Big<{}^{A'}_{P_m(\text{征用土地})}$……$P$……$W'$——$G'$
　　　　　　　　　　　　　　　　　　　　　(建筑地段)　(土地出让金)

(二)房地产资金运动的大小两个循环

如上所述房地产资金循环运动是地产资金与房产资金双渠道循环的统一。城市土地归国家所有,土地征用和国有土地使用权出让由国家垄断。征用土地的货币资金来源于财政预算支出;国有土地使用权出让金收入是财政预算收入。因此地产资金循环是国民收入二次分配的循环。房屋建设开发的货币资金来源,主要是企业或个人的社会投资;出售房屋也主要是面向社会的企业或个人,其资金是通过工资或其他收入获得的。因此,房地产资金循环是国民收入一次分配的循环,房地产资金的循环运动,包括国民收入二次分配和一次分配大小两个循环运动。

(三)出租房屋资金循环运动的特殊形式

房屋有两种交换形式,出售与出租。出售的房屋,其资金循环运动与其他商品相同;出租房屋的资金循环运动,有其不同于其他商品资金循环运动的特殊形式。

1. 出租房屋的资金性质

出租房屋的资金性质与出售房屋的资金性质不同。出售的房屋是生产过程中(G—$W\Big<{}^{A}_{P_m}$…P…W')生产出来的产品,它不发挥生产资料的职能,当它用于第一次交换时,它是商品资金。因此,它的性质是房地产开发企业的流动资金。出租房屋,一般是商品房离开生产过程以后,经过了一次交换之后,由所有权人作为固定资产贷放的第二次交换。

马克思指出:"作为资本贷放的商品,按照它的性质,或是作为固定资本贷款,或是作为流动资本贷放。货币可以在这两种形式上贷放。例如,如果它是在终身年金的形式上偿还,让资本一部分一部分地带着利息流回,它就是作为固定资本贷放。有些商品,例如房屋、船舶、机器等等,按照它们的使用价值的性质,始终只能作为固定资本贷款"(《资本论》第三卷第384页)。由此可见出租的房屋,按其使用价值的性质是"固定资本"贷放。马克思还指出:

房租是"投在房屋上的资本的利息和折旧"(《资本论》第三卷第872页)。他还指出:"不过一切借贷资本,不管它们的形式如何,也不管它们的偿还会怎样受它们的使用价值性质的影响,都永远只是货币资本的一个特殊形式。""如果贷出的既不是货币,也不是流动资本,它就会按照固定资本流回的方式来偿还。贷出者定期得到利息,并得到固定资本自身的一部分已经消耗的价值,即周期损耗的等价物。贷出的固定资本中尚未消耗的部分,到期也以实物形式还回来"(《资本论》第三卷第385页)。他还进一步解释说:"它作为货币预付时,不是去交换商品,它作为商品预付时,不是为取得货币而出售,它是作为资本支出的。……取息的贷款……货币、房屋之类的物品,不会变更所有者,这同在买和卖时不一样"(《资本论》第三卷第386页)。马克思在此精辟地分析了商品买卖和借贷(租赁)资金性质上的区别。但理论界对此仍有不同的认识,有待在发展中取得共识。

2. 出租房屋的资金运动形式

马克思指出生息资本的资金运动形式,"这个运动——以偿还为条件的付出——一般地说就是贷和借的运动,即货币或商品的只是有条件的让渡的这种独特形式的运动。""把资本放出即贷出一定时期,然后把它连同利息(剩余价值)一起收回,是生息资本本身所具有运动的全部形式"(《资本论》第三卷第390页)。他把这种特殊的资金运动形式,用公式表述为 $G-G'$。

按照马克思主义的基本理论,用公式表示作为商品房出售和作为固定资产出租两种不同的资金运动形式。

作为商品房出售的资金运动形式:

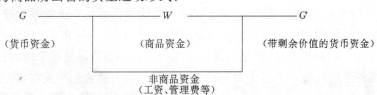

作为固定资产出租的资金运动形式:

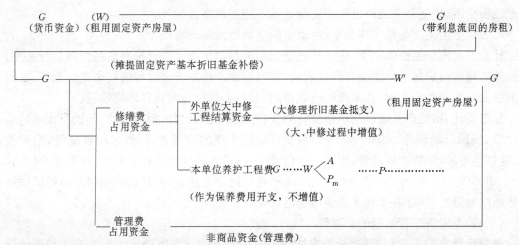

〔注〕房地产开发企业如将出售的商品房转为出租的固定资产时,首先应将这部分商品房的帐面价值从流动资金帐户中转入租用固定资产帐户,然后才能作为生产资料进行摊提基金折旧和大修理折旧等项核算。

第四节 房地产经济运行机制与效率

一、房地产经济运行机制

(一)房地产经济运行机制的概念

房地产经济的运行机制是指房地产经济运行的载体及其运行法则和规律。房地产经济运行的载体主要指房地产开发经营企业。按照社会主义市场经济体制的要求,企业是市场竞争的主体,它受市场机制的引导进行经济活动。也只有在市场机制驱动下的企业作为经济实体才能按照商品经济法则运作。因此,房地产转变经济运行机制的前提条件是必须实行政企分开,房地产的开发经营实行企业化,成为自主经营,自负盈亏,自我发展,自我约束的企业法人。实行现代企业制度,首先要明晰财产关系,按照《企业法》划分国家资金和企业资金。国有房地产企业,国家作为企业的投资者拥有终极所有权,获得资本收益,对于企业严格实行所有权与经营权分离的原则,企业行使全部的经营权,拥有对企业财产的支配权,保证国有资产保值、增值,占有扣除上缴税、费和规定的利润以外的纯利润,承担风险责任,承担经营损失。这是市场机制驱动的结构原理。

企业的经济运行机制是通过企业的组织机制、决策机制、传导机制、信息反馈机制、激励机制等的综合作用,推动企业经济活动的运行。企业组织经济活动,必须遵循商品经济运行法则,通过价值核算,投入产出力争以等量的投入获得最大的产出,或以最小的投入获得等量的产出,以实现最大的经济效益。商品经济运行法则是指遵循商品经济的基本规律、价值规律组织商品的生产、经营活动。生产房地产商品耗用的社会必要劳动量决定房地产商品的价值量,价格是价值的货币表现形式。价格取决于平均的社会必要劳动量即平均的社会生产价值,而非取决个别的生产价值。只有个别生产成本低于平均的社会生产成本,企业才能实现利润。企业按照商品经济法则运行,关键是组织好企业的资金运动,实现良性循环。而实现资金的良性循环,必须保证各个阶段的资金运动畅通。特别是流通过程必须实现等价交换。计划经济体制下,就是由于房地产的计划价格与价值严重背离,以致房地产资金运动在流通过程受阻,使整个房地产再生产资金运动不能实现良性循环。

(二)社会主义市场经济体制下,房地产经济运行机制的实质

社会主义市场经济体制下,房地产经济运行机制的实质就是要按照商品经济运行法则,遵循价值规律组织房地产的生产经营活动,实现房地产再生产全过程的资金良性循环,以最小的投入获取最大的产出,在实现经济效益的同时,实现社会效益和环境效益。

如前所述,房地产资金运动包括信贷融资在内的全部资金的循环运动。要接受市场的信息反馈,按照市场调查、预测市场走势和项目可能实现的经济效果,做出项目决策,组织实施。要熟悉市场,掌握金融政策,善于利用信贷杠杆,最大限度调动社会资金,从事生产、经营活动。组织好 $G—W—G'$ 总的资金运动。使房地产的开发建设,经营活动按照商品经济法则有序地顺利进行,保证各个环节资金运动的顺畅。

(三)转变经济运行机制的必要性

转变房地产经济运行机制,是指由计划经济体制下的计划驱动模式变为市场经济体制下的市场驱动模式。经济运行机制的转变是经济体制改革的核心。只有转变了经济运行机

制,市场才能发挥配置资源的基础性作用。在计划经济体制下,房地产经济是脱离市场,单纯按照行政命令计划驱动,企业自身没有主观能动性,因此企业就失去了活力,甚至出现无效劳动,造成浪费。只有建立现代企业制度,使企业的经济运行机制变为接受市场信号,自动调节,企业才有活力,才能发挥市场配置资源的基础性作用,才能产生最大的经济效果。

二、房地产业的经济效益、社会效益和环境效益

(一)房地产业的经济效益

房地产开发经营企业是以盈利为目的的经济组织,以收抵支实现盈利是企业的基本职能,实现盈利是企业的主要目标。企业的经济效益是指企业在组织经济活动的过程中以其销售收入减除各项开支和上缴税、费后的纯收益。经济效益的大小取决于企业投入、产出的比值,比值越大,实现的效益越大。

扩大企业的经济效益有两种途径:一是粗放型的经营,主要依靠增加投资,扩大生产规模,增加经济效益,即通过外延扩大再生产的途径增加经济效益;一是集约型的经营,主要依靠内部挖潜,降低消耗,增加经济效益,即通过内涵扩大再生产的途径增加经济效益。1996年中央经济工作会议,要求增加经济效益的方式由粗放型经营向集约型经营转变。集约型经营是在充分发挥企业管理职能的基础上,划小核算单位,加强经济核算体系,精打细算,降低消耗;并运用行为科学在企业中实行以"人"为本位的管理,发挥激励机制作用,充分调动人的生产积极性;尊重科学、尊重知识,运用先进的科学技术,发展生产力。房产企业在这方面,大有潜力可挖。

企业的纯利润,按照公积金、公益金、奖励基金比例分配。分配比例由企业自行决定。公积金是企业的发展基金,用来扩大再生产;公益金是用来增加职工集体福利;奖励基金用于发放职工奖金。一般公积金的提取比例要大一些,保持企业的发展后劲。

(二)社会效益与环境效益

社会效益是指企业的经济行为给社会带来的好处,收到的实际效益。社会主义的生产目的,在于最大限度地满足人们日益增长的物质和文化需要。根本宗旨是为人民服务,使人民受益。房地产企业的社会效益更为明显,房地产开发企业多建房,改善人民的居住条件,就是最明显的社会效益。重视社会效益就要坚持社会主义经营方向,重视质量,遵守职业道德。不遵守职业道德,搞"伪、劣、假、冒"欺骗消费者,损害消费者的利益是对社会效益的最大损害。

环境效益是指房地产开发建设和物业管理给人类生存环境带来的好处,在环境方面的实际受益。房地产开发建设以及投入使用房地产的物业管理与环境的关系十分密切,按照规划要求和质量标准进行房地产建设是实现环境效益的根本保证。一些违反规划要求,粗制滥造,楼与楼之间的问题过小,应留绿地而不留绿地或所谓见缝插针的违章建筑等都会给环境效益带来损害或污染。投入使用的房地产物业管理能否达到标准,保持和维护环境卫生、园林绿化以及建筑物的面貌等也都关系到小区的居住环境,对于房地产业着重提出重视环境效益问题。

(三)经济效益、社会效益与环境效益的统一

社会主义的房地产企业,首先要重视保持社会主义的经营方向,坚持为人民服务的方针。在实现利润目标,重视经济效益的同时,重视社会效益与环境效益,保证通过企业的经济行为,使群众切切实实地受益。

社会效益、环境效益与经济效益存在着矛盾对立统一的辩证关系。为了保证社会效益和环境效益,有时要降低售价、减少收入或加大成本、加大开支,这是与经济效益矛盾的一面。但是由于企业重视社会效益和环境效益,在竞争中以信誉取胜,发挥"创名牌"的效应,反而会带来兴旺发达,增加回头客,增大营业额,达到薄利多销的目的。最终企业会增加利润的绝对值,取得更大的经济效益。作为企业的经营者,应该处理好经济效益、社会效益与环境效益的辩证关系,实现三者的统一。

思 考 题

1. 简述我国房地产多元化的投资结构。
2. 试述房地产业与金融业的关系。
3. 试述房地产信贷资金投向与调节供需关系的规律。
4. 房地产资金循环运动的特殊性是什么?
5. 试述社会主义房地产企业的经济效益与社会效益、环境效益的关系。

第六章 涉外房地产经济

邓小平同志指出："现在的世界是开放的世界。中国在西方国家产业革命以后变得落后了,一个重要原因就是闭关自守。""三十几年的经验教训告诉我们,关起门来搞建设是不行的,发展不起来。关起门有两种,一种是对国外,还有一种是对国内,就是一个地区对另外一个地区,一个部门对另外一个部门。两种关门都不行。我们提出要发展得快一点,……这就要求对内把经济搞活,对外实行开放政策"(《邓小平文选》第三卷第64~65页)。精辟地指出了,在当今开放的世界中,世界各个国家和地区的经济发展都紧密地联系在一起,必须搞大流通、大循环,再也不能搞封闭式的经济,这是加快经济发展的一条重要规律。房地产经济同样如此,不仅国内不能搞地区封闭;而且对国外也不能搞封闭。房地产涉外经济的发展是历史的必然,是我国对外开放政策的组成部分,也是房地产业发展的需要。本章就房地产涉外经济的概念、作用,国内房地产市场与国际房地市场的关系以及涉外房地产经济模式等有关的理论问题进行阐述。实质上是在研究了封闭型的房地产经济之后延伸到外向型房地产经济国际化的研究。

第一节 涉外房地产经济的概念与作用

一、涉外房地产经济的概念

涉外房地产经济属于外向型房地产经济的范畴。外向型房地产经济是相对于内向型房地产经济而言的。内向型房地产经济是指在一个国家或地区内封闭型的房地产经济活动。生产要素和商品市场均不跨越一定的区域界限。外向型房地产经济则是在开放的条件下,生产要素和商品市场跨越区域界限而涉及在国际或区际间流动的房地产经济活动。

涉外房地产经济是外向型房地产经济中生产要素和商品在国际市场流动的房地产经济活动。它是国内地区间房地产生产要素和产品流动的房地产经济活动的继续与延伸。

当前,已经进入了信息时代,世界是开放的世界,国际间的经济活动已经形成一个整体,互相联系,互相影响。商品及其生产要素在国际间互相流动。国际贸易从商品的进出口,发展到资本的进出口。经济强国从商品输出到资本输出,从而攫取他国的利润。房地产因具有固定性的特殊性,在流通过程中不产生"物流",而是权属流通。因而房地产经济不存在商品形态输出输入的国际流动问题,但权属可以跨越国界流动,房地产市场可以向区际和国际敞开大门,房地产的生产要素也是可以在国际上流动的。

涉外房地产经济,既包括引进外资到本国、本地区进行房地产开发经营活动,开发的商品房可以内销或外销;又包括本国、本地区资本输出到国外进行房地产开发经营活动,开发的商品房在所在国外销。涉外房地产经济是双向互补的,这也是国际贸易外汇平衡、利润平衡的要求。

涉外房地产经济活动包括房地产开发、经营、物业管理、售后服务等生产、流通、消费再生产的各个环节，各环节均有外资参与，加入国际经济的大循环。涉外房地产经济的发展有其阶段性。初级阶段的主要形式是在生产领域利用我国的土地资源，引进外资参与国内的房地产开发建设，商品房的销售、租赁市场主要面向国外，加入国际房地产市场，所谓"两头在外"。典型的例子是深圳经济特区地产公司引进外资开发经营的罗湖大厦。经过不断地发展，我方积累了资金，进而资本输出到国外，利用部分自有资金和境外融资，在境外开发建设经营房地产，销售、租赁、物业管理服务的流通环节主要是面向国际的需求者。涉外房地产经济发展到了高级阶段，即资本输出后，房地产再生产过程基本都在境外。例如，深圳经济特区房地产公司自1985年起通过海外分公司先后在香港地区和美、加、澳等国共投资20个项目，在已完成的10个项目中，创汇5500多万港元。

二、涉外房地产经济的作用

涉外房地产经济在整个房地产经济和城市经济乃至国民经济中都发挥着重要作用。

（一）引进外资，弥补城市建设资金的不足

加速国民经济发展和城市建设，都必须有雄厚的资金。而资金短缺是我国发展中遇到的主要问题，它制约着经济增长的速度。发展涉外房地产经济是吸引外资发展城市建设的主要途径。发展涉外房地产经济之所以能成为引进外资的主要途径是基于以下两种原因：

第一，外资投入我国房地产业可以获得丰厚的利润。外商投资的目的在于获取最大的利润，项目实现利润的高低是外商投资选择的首要条件。土地价格（包括地价或地租）是影响建筑成本和利润的主要因素。我国的地价（土地使用权出让金）一般均低于国际房地产市场。以深圳与香港相比较为例。深圳的土地使用费大大低于香港。1980～1984年期间，深圳地租，住宅50年每平方米5000港元，每年每平方米平均为100港元；而香港新界（郊区）地租18年每平方米7500港元，每年每平方米为416港元，两地相差4倍；香港尖沙咀（商业区）地租75年每平方米17万港元，每年每平方米2311港元，两地相差23倍。尽管房地产销售价格深圳低于香港，但在深圳投资仍可获得比在香港投资更为丰厚的利润。深圳市80年代初期房地产开发经营的利润率（资金回报率）一般均在50%以上，高者达到80%。而且深圳的房地产在香港的房地市场上十分畅销。因此，外商对我国房地产有较强的投资欲望。

第二，我国有丰富的土地资源作为引资的手段。从涉外房地产经济发展较早的深圳经济特区的实践看，土地是我国与外国资本的结合点。主要是通过土地与资本两项生产要素的结合，进行房地产开发。他们是以"土地资本化"，即国有土地的有偿使用作为与外方合资或合作的基础。土地使用权也是外商独资企业必须向我国"购买"的基本生产资料。土地资源的开发和再开发就成为引"凤"（外国资本）之"巢"。天津市大量引进外资进行成片危陋房屋改造，也是靠着房地产业得天独厚的土地资源，而不须付出更多的其他配套投入。

由于上述两种因素的存在，就使通过发展涉外房地产经济成为引进外资主要途径能够付诸实现。深圳经济特区房地产公司于1980年成立，到1984年引进投入使用的外资达101355万港元。施工约70万m²，竣工44万m²，建成18层以上的高层楼宇30幢，向国家上缴利润6500万元人民币和1亿多港元。1980年和1981年，外商在深圳房地产业协议投资40亿港元，其中外商独资项目10个，订租土地45400m²，交纳土地使用费21360万港元（见中国对外开放沿海港口城市房地产业协会编辑的《涉外房地产业务资料汇编》第一集第3

页)。发展房地产涉外经济,解决城市建设资金问题,成为深圳市城市建设高速发展的一项带有普遍意义的根本经验。

(二)引进先进的科学技术和管理经验,促进经济运行机制转化

我国的建筑技术在改革开放之前,相对落后,设计思想也比较保守,建设速度较慢。通过发展涉外房地产经济,特别是通过组建中外合资和合作房地产开发企业,在利益一致的基础上,外方的先进科学技术和管理经验,直接传入,采用了新设计、新工艺、新材料,使建筑技术迅速提高,建设速度大大加快。在深圳出现了"一天一层楼"的所谓"深圳速度"。通过开放的窗口传播到内地的大中城市。目前,新式造型和布局合理的高层建筑已在大中城市中林立。改变了城市面貌,改善了投资环境。特别是涉外房地产的企业运作与国际惯例接轨,推动了土地有偿、有期限地使用;广泛采取招标、投标的方式代替了协议方式组织设计和施工;企业内部劳动用工和分配制度做了较大的改革,打破"大锅饭",建立了激励机制,提高了效率;明晰了企业的财产关系,建立了现代企业制度。机制的转化使房地产经济全面实现了良性循环,发展了生产力,走上了繁荣发展之路。

(三)发挥了房地产业对其他产业的带动作用

由于涉外房地产经济,促进了经济运行机制的转换,使房地产业得到迅速发展,房地产业的支柱作用得以发挥。开拓了建筑产品市场、建筑材料市场、轻工业产品市场、纺织品市场、家用电器市场等,扩大了就业,从而带动了城市经济的全面发展。这种相关性还直接体现在吸引外资投向其他建设项目上。通过建设企业厂房、商业大厦、娱乐中心等项目,带动外商投入高科技的工业生产项目,大型商业场项目和渡假村游乐项目,推动涉外经济全面发展。

(四)发展涉外房地产经济是改造旧城的重要途径

我国大中城市面临的旧城改造任务十分繁重,资金缺口很大,旧城改造的滞后,制约了城市经济的发展。福州、厦门、天津等市发展涉外房地产经济,利用各种形式引进外资,加速了旧城改造的进程。如厦门市自1988年以来利用外资改造了鹭江道与中山路交汇地段等处的破旧民宅。特别是天津市政府决定从1994年开始大量引进外资并与自筹资金相结合,用5~7年的时间,基本改造完市区内成片危陋房屋738万 m^2。如此大规模地有计划地、全面改造旧城区,在我国尚属首例。天津市三年来,共拆除危陋房屋300万 m^2,新建竣工868万 m^2,有近11万户、35万人改善了居住条件,使人均居住面积从1993年的 $6.9m^2$,提高到1996年的 $7.74m^2$(见《今晚报》1997年3月7日第一版)。实践足以证实发展涉外房地产经济是改造旧城市,提高人民居住水平,改善人民居住条件的重要途径。

(五)发展涉外房地产经济增加创汇,增加积累

发展涉外房地产经济,无论在境内还是境外进行房地产开发经营,都能创造大量外汇收入,并为国家提供大量积累。对于实现国际间外汇、利润平衡和增加国家外汇和财政经济储备均有重大作用。例如:深圳经济特区房地产公司从1980~1984年,已向国家上缴利润6500万元和1亿多港元;广州市的中外合资华侨房产公司,1984~1989年售出侨汇、外汇商品房5.61万 m^2,创汇1630万美元;上海市截至1991年7月底,批租土地15ha,外汇收入7690万美元;广东信托房产开发公司,自1987年到1989年在港、澳、泰、马等地区和国家开展房地产业务,在海外获得的利润已占公司利润总额的60%以上。

综上所述,发展涉外房地产经济在促进城市经济快速发展,改善人民居住生活等各方面均发挥着极其重要的作用,涉外房地产经济在城市经济中居于主导地位。特别是在一些港口

开放城市,靠近国际市场的城市,发展涉外房地产经济应作为一项重要的经济发展战略。

发展涉外房地产经济的必要性是客观经济规律决定的。首先是国际经济大循环的要求,房地产经济作为部门经济,已经进入了国际经济范畴,国内房地产经济与国际房地产经济必然发生互补作用。第二,国际经济大循环,必然要求生产要素相结合的国际化和房地产市场的国际化。第三,发达国家和地区资金过剩和发展中国家和地区建设资金短缺的国际资金供需关系,是实现国际间资金流动的条件和基础。第四,我国的土地、劳动力的价格相对较低,而境外的资本价格(利息)相对较低,因而产生区间的报酬差异,形成国际间经济往来与合作。第五,发展涉外房地产经济是国际间平衡外汇收支和利润流入流出的必然要求。第六,国际经济的一体化和区域化和国际信息高速公路的发展也为发展涉外房地产经济提供了必要条件。

第二节 国内与国际房地产市场的关系

涉外房地产经济发展的一个重要条件是国内与国际房地产市场的联结。有了这个联结,才有房地产生产要素在国际间的流动;有了这个联结才有房地产作为消费资料在国际市场流通。

一、房地产的大流通、大循环

1. 房地产业的生产要素和商品流通不受地区限制,必须搞大流通、大循环

房地产由于具有固定性的特殊性,人们常常因此认为房地产经济只能是带有区域性、封闭型的经济活动。这是认识上的误区。首先,房地产是具有不可移动性,在流通过程中不发生"物流",而是权属流通,即所有权和使用权的转移。权属流通是没有区域界限的,本城市、本地区的居民间房地产权属可以转移;本城市、本地区与市外、境外的居民之间房地产权属同样可以转移;甚至市外、境外的居民之间房地产权属也可以转移。这决定了房地产作为消费品市场是全国统一的,是可以与国际市场接轨的。深圳市房地产开发企业所建的商品房到香港的国际市场上销售给境外的消费者的实践足以证明这一点。其次,作为房地产的生产要素资金、劳动力都是没有区域界限的。市内、境内的房地产投资者可以投资;市外、境外的房地产投资者同样可以投资。可以在市内、境内投资搞房地产开发经营,也可以到市外、境外投资搞房地产开发经营。这已是在实践中司空见惯的事情。劳动力的生产要素更没有地区界限。我国的建筑大军是来自全国各地,到国外进行劳动输出,也是屡见不鲜的。唯一受地区限制的房地产生产要素是土地。但是土地是以土地使用权的形式进行流通。如前所述,权属流通是不受地区限制的。恰恰是土地使用权的流通联结了地区间、国际间与资金、劳动力其他两大生产要素的结合。因此,房地产的生产要素流通也不受地区限制。结论是房地产的生产要素市场和消费资料市场都是全国的统一市场,也可以参与国际市场。房地产业的生产要素和商品的流通不受地区限制,应该参与全国统一市场和国际市场的大流通、大循环。

2. 房地产生产要素的商品的本地区、本国市场与埠际、国际市场发挥互补作用,必须搞大流通、大循环

在同一时间内,房地产业的生产要素,资金、劳动力与土地在不同的地区,其供需关系各有不同。例如,在我国城市中发展房地产业所需的资金短缺,而土地与劳动力资源丰富,在一

些经济发达的国家和地区中则资金过剩（80年代初期，香港贷款利息率，月息仅为3～4厘），而土地与劳动力资源短缺，于是就可以互补。同时，同一时间内房地产商品市场，在不同的地区，供需关系也各有不同。以深圳为例，在1980年前后开始建市时，开发建设的大量高楼大厦如果只在深圳市的封闭型房地产市场上销售，肯定是有效需求不足，供大于求，形成过剩；但是当时在香港的市场上对深圳房地产有很高的需求，深圳市就利用了两地市场供求关系的不同，把深圳的房地产市场大门向香港地区敞开，实现了互补。不仅利用香港地区的生产资金而且利用香港地区的消费资金，通过交换转化为深圳市的房地产再生产生产资金，实现了资金的良性循环运动，从而使深圳市的房地产市场兴旺发达起来，加速了深圳市房地产业的发展。这种房地产生产要素和商品在不同地区市场上的互补性，决定了房地产经济必须搞大流通、大循环。

二、国际间的利润平衡与外汇平衡

在涉外房地产经济的大流通、大循环，实现资金的良性循环运动中，一个关键性的问题是只有实现国际间的利润与外汇的基本平衡，才能使这种经济运行处于长期的持续稳定发展状态。在国际经济交往中，投资方是以在对方实现利润为目的。管理在国际贸易上一时出现"顺差"或"逆差"是经常发生的，但在一个较长的时间里，国际间利润总量和外汇总量的平衡则是保持国际贸易长期处于持续稳定发展状态的必要条件。如果在长期的过程中，国际贸易的一方连续保持巨额"顺差"或"逆差"，这种贸易关系必然处于不稳定状态。在涉外房地产经济活动中同样如此，必须在遵守房地产所在国主权的前提下，实行平等互利的对等原则，把引进外资在境内发展房地产业与组织内资到境外发展跨国房地产业，"双向"结合起来，才能保持涉外房地产经济的稳定状态。如果只有引进外资的单向涉外房地产涉外经济，就很有可能出现利润和外汇的单向流出。其结果利润与外汇平衡只能依靠其他部门在对外贸易中创造的利润和外汇来弥补。这种单向的涉外房地产经济难于持久地发展下去。只有在引进外资的同时，发展境外的跨国房地产业，使房地产业自身实现的利润与外汇流出、流入在本系统中实现平衡，才能保持涉外房地产经济长期稳定的发展下去。当前，片面地重视引资，忽视发展境外跨国房地产业的倾向是值得引起重视的问题。

第三节 涉外房地产经济的基本模式

利用外资开展涉外房地产经济，基本上有以下几种模式：

一、引进外资开发经营房地产

引进外资在我国境内开发经营房地产，从经营方式上划分有以下几种：

(一)中外合资经营方式

是指由我方与外国投资方依照我国《企业法》和其他有关法律、法规的规定，共同出资组建中外合资的房地产开发股份有限责任公司，实行"四共一有"的原则在我国境内开发经营房地产。即：共同投资、共同经营、共担风险、共负盈亏，有限责任。投资既可以用货币折合股份权数，也可以按国际市场价格以土地使用权和厂房设备折成股金，计算股份权数。按照股份权数比例分配董事会席位，按照股份权数分配公司利润。按照我国政府工商管理部门批准的业务范围和经营渠道进行经营。

(二)中外合作经营方式

是指由我方与外国投资方依照我国《企业法》和其他法律、法规的规定,通过谈判签订契约,共同投资、共负盈亏,组成中外合作经营企业,在我国境内开发经营房地产。双方的责、权、利关系均在契约中明确规定。建筑产品可以内销或外销,一般规定内外销的比例和渠道。双方的投资额不折算成股份,不按股权份额分配董事会席位,可由契约规定由合作的任何一方或聘请第三方负责经营管理。企业实现的利润按契约规定的比例分配,不按股份分配。

(三)外商独资经营方式

是指由外国投资者经我国政府批准,依照我国法律,在我国境内成立外商独资房地产开发经营企业,自主经营,自负盈亏,依法纳税。这种经营方式是由外商申请办理土地使用权出让手续,交纳土地使用权出让金后,其他的开发经营业务均由外商承担。

二、内资房地产开发企业面向国外售房、出租房屋

内资房地产开发经营企业利用外资搞涉外房地产经济,有两种形式:一种是利用国外信贷融资,直接作为生产资金进行房地产开发经营。国外信贷融资包括外国政府贷款、国际金融组织贷款、外国商业银行贷款。一种是将开发建设的商品房向外侨或外国人销售或租赁,利用外国的消费资金通过交换,间接转化为再生产的生产资金进行再开发。这两种形式都属于内资房地产开发经营企业利用外资搞涉外房地产经济,目前以后者为主。有少数城市利用世界银行贷款搞住房制度改革,建设经济适用的住宅出售,则属于前者。

三、到境外投资开发经营房地产

这种模式指组织和鼓励有实力的内资房地产开发企业到境外投资,依照所在国的法律组建跨国房地产开发经营企业,除少量自有资金外主要利用国外多渠道的融资开发经营房地产。经营方式多种多样,可以是我国的独资企业,也可以与其他国外商组建合资、合作企业。后者的经营方式可以得到所在国投资者的竭诚合作,更多地了解所在国的信息,减少风险,增加成功率。

上述几种涉外房地产经济模式各有利弊。在改革开放的初期主要运用中外合资、合作的形式。其中中外合资形式有较完善的法律保证,但需要我方有一定的投入,而且利润是按股份比例分配。中外合作形式比较灵活,其利润分配不按出资的比例,一般我方可获得纯利润的 60%~80%,受益较多,但法制不够完善。在引资过程中,外方资金不到位是比较常见的事,外方常用较少的自有资金,而大量套用我国的信贷资金进行房地产开发建设,获取较多的利润,并常借我方对外开放的优惠政策运用非市场行为返违避税获取额外利润。例如,利用免税进口机械设备、汽车等运输工具获利;或经常改变企业名称,在达到合资企业享受优惠政策的年限后,继续享受优惠而获得额外利润。涉外房地产经济在经过一定的发展阶段以后,通过总结经验,比较分析,逐步转向以内资房地产开发企业利用外资在境内发展房地产业的模式为主。目前,我国在境外发展跨国房地产开发企业的模式尚处在萌芽阶段,今后应作为发展的主要方向,以获取利润和外汇的流入大于流出,实现顺差,至少自身保持平衡,使涉外房地产经济处于持续稳定发展的状态。

在发展涉外房地产经济中,除去要因时、因地地选择好涉外房地产经济模式之外,要注

意掌握下列原则：

第一，要在尊重国家主权的前提下，坚持平等互利的原则。

平等互利是国际资本流动共同奉行的惯例。在发展涉外房地产经济中不能只从我方权益着想而不考虑外方的利益，如果低于国际平均利润，外商是不会投资的。同时也必须明确，外国的投资者是要从我国的市场中获取利润，而绝不是什么"慈善家"，双方是贸易谈判的对手关系，必须贯彻平等互利原则，而不能为了达到引资的目的，给予外方过多的优惠，损害我方的权益。

第二，具体运作方法，必须与国际惯例接轨。经济运行一定要运用商品经济法则，充分发挥市场机制的作用，熟悉国际贸易通则，熟悉房地产业的专业知识，例如在让渡土地使用权时一定要引入市场竞争机制，运用招标、"拍卖"的形式实行土地有偿、有期限使用，到期将地上建筑物连同土地使用权一并收回。出让的地段一般要从外到内、从市边区到市中心区依次进行，以充分获取土地增值的效益。出让地段的面积不宜过大，防止不能及时开发利用造成土地浪费和使土地增值收益流失。

第三，在发展涉外房地产经济活动中要发挥国家的组织和宏观调控作用。在竞争中避免我方的自我内耗，应以一个主体进行统一行动，并充分运用我国的驻外机构，获得外商企业资质和国外有关的政策、市场、金融、税赋以及风俗、习惯等各方面的信息，以保证业务的顺利开展，减少风险。

第四，在发展涉外房地经济的同时要注意对民族房地产业的保护，防止对外商给予过多的优惠，而使民族房地产业不能在竞争中与之处于同一的起跑线上，失去平等竞争的条件。

第五，涉外房地产经济按照国际惯例运作，必须完善法制建设。市场经济在一定意义上讲是法制经济。要严格依法办事，通过法律保证各方的合法权益。使上层建筑符合经济基础的要求，促进房地产经济的发展。

思 考 题

1. 简述涉外房地产经济的概念。
2. 涉外房地产经济为什么既要引进外资发展境内房地产业，又要到境外发展跨国房地产业？
3. 试述发展涉外房地产经济的必要性。
4. 试述房地产投入大流通、大循环的必然性。
5. 引进外资在境内开发房地产三种模式的利弊比较分析。

第七章　房地产经济体制改革

我国房地产经济体制从建国到1978年党的十一届三中全会召开以前,一向奉行高度集中的计划经济体制,否认房地产的商品属性,把房地产经济活动排除在商品经济之外,在当时曾经发挥了一定的积极作用。在财政经济比较困难的建国初期,一方面面临着国内经济恢复的重任,另一方面要支援抗美援朝巨大的军费开支,人民的收入水平相当低。在这种情况下,沿袭战时经济体制,集中国家有限的人、财、物力,进行住宅建设和旧房维修,在保证人民居住生活稳定、支持经济和政权建设上都发挥了重要作用。然而随着社会主义经济的发展,这种经济体制制约生产力发展的缺陷暴露得越来越显著,难以满足经济建设和人民居住生活的需要。日益增长的社会需求与生产力发展相对迟缓的矛盾,客观上提出了经济体制改革的要求,这是生产关系必须适合生产力发展规律的必然。党的十四大提出了我国经济体制改革的目标是建立和发展社会主义市场经济体制,与之相适应,房地产经济体制改革就形成全局性的重大课题。本章着重叙述经济体制的概念;计划经济体制下房地产经济体制的特征;房地产经济体制改革的必要性;房地产经济体制改革的目标、目的、途径和主要内容等基本理论。经济体制改革作为社会主义制度的自我完善,是一件创造性的新生事物,从1978年至今仅有20年的短暂历史,许多新的情况、新的问题有待研究。这是发展中的全新的巨大的系统工程,人们的主观认识也是随着客观事物的不断发展而不断变化。在此也只能是初步探讨,房地产经济体制改革所涉及的许多理论问题,特别是实践中遇到的新问题,不是在此能够全部解释清楚的,只能遵循实践——认识,再实践——再认识的规律,不断地深化研究。

第一节　经济体制概述

一、经济体制的内涵

经济体制是指组织管理经济活动的组织结构形式、方式、方法和经济运行机制,包括生产关系和上层建筑相联系部分的总称。它取决于社会生产方式,涵盖经济形态和经济管理体制。它包括以下几层涵义:

(1)组织管理经济活动的组织结构是指经济的管理体制,包括宏观经济管理组织和微观经济组织。宏观经济管理组织指国家设置的经济管理机构;微观经济组织指国民经济细胞——企业。管理经济活动的组织结构形式是指采取由政府机关直接管理经济活动的形式,还是采取间接管理经济活动的形式。社会主义传统的经济管理形式是采取由国家的政府机关直接管理经济的形式,即把全社会当作一个大车间,由国家的政府机关直接干预和参与经济活动。虽然名义上也有政府机关与企业之分,但实际上二者之间存在割不断的"脐带"联系。企业的一切生产、经营活动要听命于政府机关,同时要依靠政府机关的保护"输血"。改革以后新的组织结构形式是采取政企分开,企业是自主经营,自负盈亏,自我发展,自我约束的经济实体,具有独立的经营自主权,自行组织生产经营活动。国家不直接干预企业的经济活动,而是通过制定政策、法律进行指导,间接管理。不同的管理组织结构形式,其管理方式方法也有不同。传统模式是通过行政命令,指令性计划直接干预企业的经济活动;而新的模式是国家以经济手段为主,行政、法律手段为辅,宏观调控市场,市场引导企业行为。

(2)经济运行机制是指以各种经济组织结构为载体,在管理职能的基础上,按照经济规律所产生的自我发展和自我约束的功能及其内在联系。机制一词源于机械学指机械结构及其运动原理,其后被引用到生物学、医学领域,进而引用到经济领域,简言之,经济运行机制是指企业的经济活动遵循什么规律,按照什么法则运行,它的动力由哪里来。在旧体制下主要是由国家遵循有计划按比例发展的经济规律,计划配置资源,按计划经济法则运作,用行政命令和指令性计划驱动。新体制下企业的生产经营活动主要是遵循商品经济的基本规律——价值规律,按照商品经济法则运作,发挥市场配置资源的基础性作用,按照价值核算,利益原则通过市场机制驱动。前者的经济运行机制是计划驱动,后者的经济运行机制是市场驱动。

(3)生产关系与上层建筑相联系部分是指所有制结构所体现的部分生产关系和财产关系与国家、法律、制度、意识形态相联系的部分。例如在所有制结构方面是单一的公有制,还是以公有制为基础,多种经济形式并存;是所有权与经营权统一,还是所有权与经营权分离。国家相应制定的政策、法规所规范和保护的对象必然与奉行的生产关系、财产关系有密切的联系,通常是所有制结构所体现的生产关系和财产关系以法律的形式固定下来,受司法机关、政权机关的保护。这些都是经济体制的组成部分。

(4)经济体制取决于社会生产方式是指经济体制存在着社会主义经济体制与资本主义经济体制之别。社会主义制度与资本主义制度的根本区别在于劳动的社会形式不同、所有制结构不同和分配制度不同。社会主义社会是联合劳动,是以公有制为基础以及由其决定的按劳分配为主的分配制度;资本主义社会是雇佣劳动,是以私有制为基础以及由其决定的按资分配为主的分配制度。我国的经济体制改革是社会主义制度下的经济体制改革,是以公有制为基础的社会主义国家宏观调控下的市场经济体制。经济体制改革的模式取决于社会制度。为了发展生产力,管理经济活动的组织结构形式、方式方法和经济运行机制以及相关的生产关系和上层建筑部分都可以变,但是以公有制为主的所有制结构不能变。这就是经济体制取决于社会生产方式的涵义。

以上四层涵义构成了经济体制的概念。据此推理,房地产经济体制的概念是组织管理房地产经济活动的组织结构形式、方式方法和经济运行机制,包括生产关系和上层建筑相联系部分的总称。

二、经济形态的发展演变

人类有史以来,经历三种经济形态。已经经历的有自然经济形态和商品经济形态,尚未经历或者将来预计发生的产品经济形态。

在原始社会,生产力水平很低,人们以部落群居,共同狩猎,共享猎物,穴居野处,过着自给自足的生活,称之为自然经济形态。土地和简单的工具等生产资料属于公有,称之为原始共产主义。经过长时期的发展历程,随着社会进步,生产力的提高,开始了农业、畜牧业和手工业的社会大分工。人们的需要也随着经济发展和社会进步而产生了多种多样的需求,依靠个人的劳动已经不能满足个人的需要。由于生产力的发展,劳动果实除去个人消费之外,有了剩余,于是开始了物物交换,具有了商品经济的雏型。当货币产生以后,货币发挥了价值尺度,商品交换媒介和贮藏手段的作用,物物交换演变成以货币为媒介的商品交换。生产者从为自己生产使用价值变为为他人生产社会使用价值,从为个人消费而生产变为为交换而生产,即进入了商品生产、商品交换的商品经济形态初级阶段。社会发展总是经过从量变到质变的渐变过程,开始时自然经济仍居于统治地位,商品生产和商品交换还不够普遍,市场的价值规律、供求规律和竞争规律所发挥的作用也不充分。这个阶段称为商品经济初级阶段或称为小商品经济阶段。再经过较长的发展时期,生产力高度发展,进入了社会化大生产,社会分工越来越细密,商品生产和商品交换已经普遍化,市场机制充分发挥作用,商品经济进入了发达阶段,即市场经济阶段。自然经济形态和商品经济形态,人们都已经经历过。马克思预见经过社会主义革命,劳动的社会形式将发展成为社会的直接联合劳动,劳动者直接分配与付出劳动的质和量相对应的劳动成果。到那时,货币消失了,商品生产、商品交换变成为产品生产和产品分配,即进入了产品经济形态。人类由各尽所能、按劳分配的社会主义进入各尽所能、按需分配的共产主义时代。进入产品经济形态需要两个前提条件,即物质极大丰富和思想觉悟的极大提高。这种最高的社会经济形态是人类最理想的经济形态。

三、经济体制与生产力的关系

人类社会经济形态的发展变化,其根本动力在于生产力的不断发展和社会分工的愈益细密。生产力的发展水平或者说生产力的性质与社会经济形态有密切的关系,经济体制与社会经济形态必须相适应。什么样的社会经济形态决定了什么样的经济体制,而经济体制包含了生产关系与上层建筑相联系的部分,它对生产力的发展必然起到制约或促进的反作用。

生产力发展到一定的水平,劳动创造的物质财物,除去满足消费需求之外有了剩余,产生了积累,这是实现商品经济进行商品交换的基础,是提供商品供应的物质保证。由于分工的细密,个人的劳动产品已不能满足个人的多种需求,是商品交换所必须的商品需求。有了多种多样的商品需求才有了为他人生产使用价值的商品生产者。商品经济形态的基本规律是价值规律。社会必要劳动量决定商品的价值量,价格是价值的货币表现,商品交换要求实现等价交换。生产者以需定产,市场发挥配置资源的基础性作用,商品生产者受市场机制的调节,利益原则驱动,必然要核算价值,提高经济效益,就要提高劳动生产率,从而促进生产力的发展。在商品经济形态下,必然要采取商品经济体制,按照商品经济运行机制组织经济活动才能促进生产力的快速发展。这已是实践证明了的客观规律。从房地产经济体制改革以来住宅建设速度的快速增长也充分证明了这一点。从1979年到1990年的12年中新建住房15亿平方米,累计投资2800多亿元,分别是1950年到1990年40年建房总量和投资总额的74%和88.3%。说明采用新的经济体制对发展生产力的巨大反作用力。从上述分析得出如下的结论:生产力的发展水平决定社会经济形态,经济体制必须与经济形态相适应,经济体制对生产力发挥反作用。

四、我国经济体制改革的性质和目标

我国经济体制改革的性质是社会主义制度的自我完善。党的十四大确定的我国经济体制改革的目标是建立在公有制基础上,社会主义国家宏观调控下的社会主义市场经济体制。

"在公有制基础上"这是社会主义制度决定的。体现社会主义性质的所有制结构是不变的。"在社会主义国家宏观调控下"说明我国奉行的这种市场经济体制是纳入了社会主义国家的宏观调控下的市场经济,它规定和保证了社会主义经济的发展方向。这两个限制词,充分体现了我国经济体制改革是社会主义制度的自我完善。

由于我国仍处于社会主义初级阶段,生产力水平还不高。商品经济是不可逾越的阶段。与社会经济形态相适应,只能选择社会主义的市场经济体制为我国经济体制改革的目标。1992年邓小平同志南巡谈话中指出:"计划多一点还是市场多一点,不是社会主义与资本主义的本质区别。计划经济不等于社会主义,资本主义也有计划;市场经济不等于资本主义,社会主义也有市场。计划和市场都是经济手段"(《邓小平文选》第三卷第373页)。我国的社会主义市场经济体制,是在社会主义国家宏观调控下充分发挥市场配置资源的基础性作用。这就体现了发挥计划和市场两种手段的两个积极性,从而保证社会主义的生产力将以超过资本主义生产力发展的速度向前发展。我国经济体制改革目标的确立,体现了邓小平同志建设有中国特色社会主义理论的伟大创举。我国提前实现经济上翻两番发展目标的实践,充分证明了我国经济体制改革道路的正确性和理论的科学性。是我国继社会主义革命胜利后,生产力的第二次大解放。

第二节 计划经济体制下房地产经济体制的特征

我国从建国开始到1978年的30年过程中,房地产经济一向奉行高度集中的计划经济体制。房地产不作为商品,不实行商品交换,房地产经济被排除在商品经济之外,形成了产品生产,产品分配,典型的产品经济形态。它具有下列的特征:

一、单一的全民所有制结构

我国解放以后,接管了旧政权在城市中的房地产、没收了官僚买办阶级、地主阶级以及罪大恶极的反革命分子的房地产,成为全民所有的房地产。1956年和1958年的两次私房社会主义改造中,通过赎买政策把民族资产阶级的私有房屋改造为全民所有房屋,其所占的房基地也随之收归国有。至此,城市中原有存量房地产中的绝大部分均成为全民所有制。尤其是文化大革命中把个人购建住房都当作"割资本主义尾巴"来批判,城市房地产除极少量的自有自住的房屋外,几乎成为单一的全民所有制。

新建的增量房地产,基本上都是由国家或国有企业投资建设。由于建国初期财政经济面临着严重困难,国家实行低工资、广就业政策。职工工资中基本上不含住房消费用,这部分费用形成了职工工资中的社会扣除,国家用以建设住房,必然是全民所有制。住宅建设列入国家或地方的基本建设计划之中,作为非生产性项目。国家机关和企事业单位所使用的非住宅均由国家投资作为基本建设项目进行建设。因此,增量房地产也基本是单一的全民所有制。

单一的全民所有制是计划经济体制下房地产经济的根本特征。正是由于房地产的所有权属于国家所有,国家才能充分运用行政权力组织房地产经济按计划运行。

二、用行政手段计划配置资源和分配产品

在计划经济体制下,不承认房地产的商品属性,不把房地产当作商品对待,不进行商品交换,基本上没有流通环节,把房地产排除在商品经济之外。

房地产的开发建设完全是按照国家和地方政府的基本建设计划进行。所需要的资金由国家拨款,土地由行政划拨,建筑材料按计划统一供应,建筑安装劳动力由国家下达任务安排。房地产开发建设所需要的各种资源都是由国家通过计划配置。

城市土地依照《宪法》规定归国家所有,土地的使用权由国家行政划拨给建设单位无偿无限期地使用。城市的住宅其中大部投资的资金来源是来自职工工资中的社会扣除。由于职工工资中基本不含住房消费费用,所以,建成的住宅只能进行实物分配收低租金以适应职工的承受能力。相沿形成住房福利制。非住宅房屋同样实行低租金,用行政手段分配。

房地产作为产品分配,没有流通环节,这是计划经济体制下房地产经济体制最本质的特征。在一定意义上讲,有没有流通环节是房地产经济商品经济体制与计划经济体制的根本区别。

三、计划驱动的经济运行机制

计划经济体制下的房地产经济活动,完全是行政命令计划驱动。房地产的开发建设听命于上级机关的指令。按照国家指定的地址、国家规定的设计标准、国家下达的建筑类型和工程量等各项指标进行开发建设,建成以后,按照国家的规定进行低租经营。在房地产的开发建设和经营过程中都不进行价值核算。特别是在国有房地产的经营过程中,低租金不能以租养房,修缮费不足部分,只有依靠国家补贴。由于计划经济体制下,房地产资源是用行政手段配置,基本上不存在流通环节,因而,处于流通过程的房地产经营管理部门不可能有活力。开发和经营活动都是计划驱动,照计而行。国家的行政机关直接干预和参与房地产的微观经济活动。这是计划经济体制下,房地产经济运行机制的特征。

四、政企不分的管理体制

计划经济体制下的房地产经济,既是单一的全民所有制,是产品生产、产品分配,是行政命令计划驱动,就决定了它的经济管理体制必然是政企不分的体制。所有权与经营权不分,政府机关直接干预房地产的开发建设和经营活动。虽然名义上也存在房地产开发公司和房地产(或房产)经营公司,实际上却是行政机关的附庸,受政府机关的保护,依靠国家"输血"生存。政企不分是计划经济体制下组织管理房地产组织结构方面的特征。

第三节 房地产经济体制改革的必要性

计划经济体制下的房地产经济体制形成了典型的产品经济超越了商品经济阶段。这种经济体制与当前的经济形态不相适应,出现了许多弊端,阻碍了房地产经济生产力的发展,因此,必须进行经济体制改革。改革的必要性表现在以下几个方面:

一、旧体制违背房地产的经济属性，把房地产经济排除在商品经济之外

城市房地产（包括建筑地段）具有价值与使用价值的商品二重性，用于交换的房地产是商品。社会主义社会依然是商品经济形态。在商品经济条件下，房地产的生产和流通，必须遵循商品经济的基本规律——价值规律，进行商品生产和商品交换。流通环节是沟通生产领域与消费领域的桥梁。发展房地产市场是发展房地产经济的主渠道。通过市场机制，以需定产，就可以保证开发建设的房地产成为社会需要的社会使用价值，同时实现其价值。这就可以避免开发建设不适合社会需求的房地产，从而减少因无效劳动而造成的浪费。通过市场发挥配置资源的基础作用，就可以实现房地产资源的优化组合，提高效率，从而使房地产经济的生产力不断地提高。

计划经济体制下，否定了房地产的商品属性，不把房地产当作商品，进行商品生产、商品交换。把房地产经济排除在商品经济之外，没有流通环节，这种经济体制与社会主义社会仍处于商品经济阶段不相适应。由于没有流通环节，致使处于流通环节的房地产业难以生存。既然没有流通环节，也就不存在房地产市场。按照指令性计划开发建设房地产，并按产品进行分配，首先是开发建设带有较强的主观性，不是以需定产，开发建设的房地产在地址、设计标准、造型、功能、数量等各方面不一定适合社会需求，往往成为不被社会所承认，长期空置的房地产，逐渐变成废物，不能成为社会承认的社会使用价值，造成资源的极大浪费。不能发挥市场配置资源的基础性作用，就很难实现资源的优化组合，阻碍了生产力的发展。房地产业是处于流通领域的重要行业，在西方发达国家都把房地产业作为国民经济的支柱产业，在计划经济体制下，由于没有房地产的流通环节，房地产业没有生存的土壤，这是严重阻碍房地产业发展的根本原因，也影响整个国民经济的快速发展，因此这种经济体制势必进行改革。

二、旧体制违背生产关系必须适应生产力性质的规律，制约了生产力的发展

生产关系必须适应生产力的性质，才能促进生产力的发展，这是客观规律。生产关系落后于或超前于生产力的性质，都会阻碍生产力的发展。经济体制包括生产关系与上层建筑相联系的部分，实际上它也是生产关系的一部分。在高度集中的计划经济体制下的房地产经济，实际上已经形成产品经济模式，而作为产品生产、产品分配的产品经济形态，只能在物质极大丰富、思想觉悟极大提高的共产主义社会才有可能实现。我国仍处于社会主义初级阶段的商品经济条件下，这种房地产经济体制所体现的生产关系大大超越了现实的生产力的性质，必然严重地阻碍房地产经济生产力的发展。这种计划经济体制下的房地产经济，首先是单一的全民所有制，把集体和个人的社会投资渠道完全堵塞。虽然国家尽了最大努力，加速住宅建设但是仍然满足不了城市居民在住房方面的需求。到1995年全国尚有人均居住面积在 $4m^2$ 的住房困难户325万户。为了加速发展房地产经济的生产力，加快住房建设满足需要，这种经济体制势在必改。

三、旧体制违背价值规律，资金不能实现良性循环，再生产难以为继

价值规律是商品经济的基本经济规律。在商品经济条件下，房地产的再生产同样必须遵循价值规律，流通过程与生产过程统一实现资金的良性循环运动。房地产通过流通在实现使

用价值的同时,实现价值,使房地产在开发建设过程中投入的价值得到实现,投入的物质资源得到补偿,从而保证连续不断地再生产以满足社会上连续不断地需要。

计划经济体制下的房地产经济把房地产不作为商品,实行低租金,福利制。价格严重背离价值,阶格既不反映价值,又不反映供求关系。这种扭曲的价格严重违背价值规律。造成房地产的资金运动在流通领域受阻,只有投入,没有产出。而且建房越多,国家负担的修缮费补贴越重,形成恶性循环。房地产开发建设过程中投入的价值和实物得不到补偿,以致再生产难以为继,不能满足社会上连续不断地对房地产的需求。同时由于这种扭曲的房地产价格不反映供需关系,在住房供不应求的情况下,房地产价格(租金)不是上升,抑制需求,刺激生产供应,反而一降再降,致使房地产的需求无限膨胀,加剧了房地产的供需矛盾。价值规律发挥了逆调节的作用。这种经济体制如不改革,则住房的供需关系永远得不到基本平衡,而且住房苦乐不均的现象会日益加重,群众反映强烈,影响社会安定。在党的十一届三中全会召开的前夕,城市住宅问题一度成为严重的社会问题。为此,旧的房地产经济体制也必须改革。

四、旧体制造成的消费结构不合理,导致产业结构不合理,影响国民经济发展

进入 90 年代以来,我国人均国民生产总值已达 330 美元以上,1981 年至 1991 年国民经济增长率平均为 8.8%,1992 年以来达到 11% 以上,我国人口城市化的速度迅速增长,由 1978 年的 17.92% 增加到 1992 年的 27.63%。这些数据表明我国已经进入现代经济增长的区间。经济的高速发展,必然要求产业结构的高级化。第三产业比重的大小是产业结构高级化程度的重要标志。80 年代发达国家第三产业比重接近 60%,而我国第三产业比重仅占 30% 左右。江泽民同志在《正确处理社会主义现代化建设中的若干重大关系》的讲话中指出:"目前我国第三产业的比重偏低,需要逐步提高,使之与第一、第二产业的发展相适应,形成合理的规模和结构,……引导房地产业健康发展。"房地产业是第三产业中重要的行业,它的发展,不仅自身增加第三产业的比重,而且带动金融业、商业、旅游业等其他第三产业的发展。发展房地产业是调整产业结构,加速国民经济发展的重大经济战略。

在计划经济体制下的房地产经济,由于价格的扭曲,使住房的消费实物量相当大,而所占用的消费资金比重很低,改革前住房消费仅占家庭消费总额的 1.5% 左右,消费结构严重不合理。通过交换,房地产的消费资金转化为房地产再生产的生产资金微乎其微,限制了房地产业的发展,导致产业结构的不合理。为了调整产业结构,实现产业结构合理化、高级化,以促进国民经济的快速增长,旧的房地产经济体制也必须改革。

五、旧体制违背上层建筑必须符合经济基础要求的规律,政企不分,房地产企业形不成市场主体

发展社会主义市场经济,必须培育和发展社会主义统一市场。房地产市场是社会主义统一市场的组成部分。房地产市场中的竞争主体是房地产企业,没有房地产企业,房地产市场就难以形成。其后果将影响到我国建立和发展社会主义市场经济体制的总目标。

计划经济体制下的房地产经济管理体制是政企不分,以政代企的体制。房地产开发和经营企业实际上是行政机关的附庸,没有经营自主权,形不成市场主体。而且由于受行政机关的保护和"输血",企业间也不具备平等竞争的条件,这就影响市场机制的发挥,难以发挥配

置资源的基础性作用。旧的房地产经济体制不改革,不仅仅影响房地产业的发展,而且势必影响我国经济体制改革总目标的实现。对此,计划经济体制下的房地产经济体制改革已是迫不及待事关全局的大问题,改革势在必行。

第四节 房地产经济体制改革的目标、特征和目的

一、我国房地产经济体制改革的目标及其理论依据

部门经济的经济体制,必然与国家的整体经济体制相一致。党的十四大确定的我国经济体制改革的总目标是建立和发展公有制基础上,社会主义国家宏观调控下的社会主义市场经济体制。房地产经济体制改革的目标,也应该是建立和发展公有制基础上,社会主义国家宏观调控下的社会主义房地产市场经济体制。

这个改革目标,分解为两层涵义:第一层涵义是社会主义的房地产经济体制。社会主义制度规定了它必然是以公有制为基础的房地产经济所有制结构,而不是以私有制为基础的所有制结构;同时规定了是在社会主义国家宏观调控下的房地产经济体制,从而保证房地产经济的社会主义方向,这就规定了我国房地产经济必须兼顾经济效益与社会效益。我国发展住宅产业是以解决中、低收入职工家庭住房为主,建设经济实用房就体现了社会主义的经营方向,而不是以获取最大利润为目的。第二层涵义是我国的房地产经济体制是房地产市场经济体制,既不是计划经济体制,也不是有计划的商品经济体制,而是商品经济形态发达阶段的房地产市场经济体制。这就规定了它是在国家宏观调控下发挥市场配置房地产资源基础性作用;房地产经济的运行机制要遵循商品经济的原则;房地产经济活动的管理体制或者组织结构形式是政企分开,企业是房地产市场竞争的主体。

确定房地产经济体制改革的目标是建立社会主义的房地产市场经济体制所依据的理论,除去基于我国是社会主义国家,必须坚持社会主义的劳动社会形式及由它决定的以公有制为基础所有制结构所体现的生产关系和财产关系之外,主要基于"房地产具有商品属性,用于交换的房地产是商品"这一基本理论。房地产既然是商品,在它的生产、流通、分配、消费等再生产的全过程中,都应该按商品对待。在商品经济(含商品经济的发达阶段市场经济)条件下,房地产和其他商品一样必然是商品生产、商品交换,遵循商品经济的基本规律和商品经济运行法则。房地产的开发建设者通过交换,交出房地产的使用价值,换回其交换价值,实现价值补偿和利润。作为房地产微观经济的企业,它的运行机制只能是商品经济的运行机制。但是住宅是生存资料,保证人人有房住是社会主义国家的职责,只能由国家通过建立住房社会保障制度来实现。房地产既是生产要素又是生活资料,它必然要进入要素市场和消费品市场。房地产市场是构成我国社会主义统一市场体系中的重要组成部分。房地产资源,同样应在社会主义国家宏观调控下,充分发挥市场配置资源的基础性作用,以达到高效率的优化组合,才能保证房地产经济生产力快速发展,不断地满足我国经济建设和人民居住生活对于房地产日益增长的社会需要。

总之,房地产具有商品属性的基本理论是科学的。基于这一理论国家对房地产实行商品化的政策无疑是正确的。商品经济发展到发达阶段就进入了市场经济,因此,房地产经济体制改革的目标也应是建立和发展社会主义房地产市场经济体制。

二、社会主义房地产市场经济体制的特征

社会主义房地产市场经济体制有以下特征：

(一)以公有制为基础，多种所有制并存

我国经济体制改革的性质是社会主义制度的自我完善。房地产经济体制中体现生产关系的所有制结构，必然是以公有制为基础，这是社会主义制度决定的，即：城市土地归国家所有；社会主义房地产开发和经营企业的所有制结构以全民和集体所有制为主体，以保证社会主义的经营方向和全体人民的利益。为了加速房地产经济生产力的发展，就要调动国家、地方、企业、个人四个方面的积极性，甚至包括吸引外资在内的多方面的积极性，实行在以公有制为基础上的多种所有制、多种经营方式并存。股份制应该是今后发展的重点，使生产关系适应生产力的性质，促进生产力的发展。

(二)在宏观调控下，充分发挥市场配置房地产资源的基础性作用

房地产经济提高效率的途径是发挥市场配置资源的基础性作用。首先是以需定产，使建成的商品房成为适销对路为社会所承认的社会使用价值，克服无效劳动的浪费；进而通过市场竞争机制把房地产资源配置到效益好的房地产企业中去，以等量的投入获得更大的产出，提高效率，发展生产力。再则建立房地产价格市场形成机制，价格以价值为基础，使房地产价格既反映价值，又反映供需关系，调节供需矛盾，保持供需总量基本平衡，一方面减少滞销空置带来的损失；一方面克服土地多占少用，住房苦乐不均，房地产资源短缺与浪费并存的不合理现象。由于我国现阶段国民经济发展水平还不高，经济环境还不够宽裕，居民家庭收入还比较低，有效需求不足等因素的客观存在，住房价格双轨制还要保留相当长的时期。但随着国民经济的不断发展和住房社会保障制度的不断完善，房地产价格终将逐渐实现并轨，逐步加大市场调节的力度。

(三)房地产经济的运行是商品经济的运行机制，并与社会保障体系相结合

房地产市场经济体制的市场调节作用，主要作用于按照商品经济运行机制运行的市场主体——房地产企业。房地产企业只能按照价值规律和市场信息组织经济活动，利益原则驱动，流通过程与生产过程统一，实现资金循环运动，进行价值补偿和实物补偿，从而连续不断地组织再生产。

房地产市场经济体制，不仅不排斥社会保障制度，相反，它要求建立完善的住房社会保障体系，使低收入居民家庭和社会优抚救济对象应该享受的住房社会福利部分有稳定的资金来源。住房社会保障体系的功能，不仅保障人人有必需的住房；而且保障房地产企业能按照商品经济运行机制运行。住房社会保障体系是完全必要的，但它只能作为国家职能，作为国民收入再分配的循环，而不能进入企业内部循环。这是福利制住房制度的历史教训已经充分证明了的，再也不能重演。

(四)政企分开的房地产管理体制

房地产市场经济体制，无疑要培育和发展房地产市场。房地产市场要求培育自主经营，自负盈亏，自我发展，自我约束，具有法人资格的房地产企业作为市场竞争的主体，才能发挥市场配置资源的基础性作用。国有房地产的所有权与经营权应该是分离的。所有权属于代表全体人民的国家，而经营权是属于企业的，国家不能截留。企业要割断与政府间的"脐带"关系，建立平等竞争的条件。政府的房地产管理职能部门必须转变职能，变直接管理为间接

管理,变微观管理为宏观管理,树立"大房管"的意识,通过制定政策、法规,规范企业行为,履行规划、指导、协调、服务、检查、监督的职能。

(五)较强的社会主义国家宏观调控

市场经济有其自身的不足和缺陷。房地产市场有较强的盲目性和投机性。企业不了解全社会房地产供求总量的发展走势,往往追求利润而盲目上项目。一哄而起,一拥而上的现象在房地产市场中屡见不鲜,往往造成时点上的供大于求,生产过剩,商品房空置量骤增,滞销造成很大的损失。为了保持房地产业持续、稳定、健康地发展,打击投机行为,维护正常的房地产交易秩序,保证国家和全体人民的利益,国家必须加强对房地产市场的宏观调控。首先,要调控房地产的供需总量,保持基本平衡,调控房地产业发展的"度",既要保持一定的发展速度以满足经济建设和人民生活的需要;又要防止过热,形成泡沫经济,带来严重危害。其次,要维护房地产市场正常的交易秩序,保护交易双方的合法权益,包括适当控制房价,进行质量监督,取缔虚假广告,维护消费者利益等。第三,严格有效地制止投机行为和非法活动,防止扰乱经济秩序和国有资产流失。

三、房地产经济体制改革的目的

进行房地产经济体制改革的具体目的很多,例如住房制度改革的目的是解决城市居民的住房问题;用地制度改革的目的是提高土地的利用效率;房地产管理体制改革的目的在于实现政企分开等等。但是建立和发展社会主义房地产市场经济体制改革的根本目的则是进一步解放和发展房地产经济生产力,使房地产业能够发挥国民经济支柱产业作用,通过发展房地产业,调整产业结构,促进国民经济腾飞和满足经济建设与人民居住生活对房地产日益增长的需要。

第五节 房地产经济体制改革的途径和主要内容

一、房地产经济体制改革的途径

房地产经济体制改革是从高度集中的计划经济体制向市场经济体制过渡。从社会经济形态发展变化的历程和规律可以描述房地产经济体制改革的历程是:

高度集中的房地产计划经济→房地产商品经济初级阶段→房地产商品经济高级阶段(即房地产市场经济)

房地产经济体制改革的历程是从否定房地产商品属性,没有流通环节,排斥房地产市场的高度集中计划经济体制,到承认房地产商品属性,通过房地产商品化的途径,发展房地产商品经济,搞活房地产流通,培育和发展房地产市场,走向社会主义房地产市场经济体制。房地产商品化是房地产经济体制改革的基本途径,其核心则是培育和发展房地产市场。

房地产计划经济体制和市场经济体制的根本区别,在一定意义上讲,可以归结为有没有流通环节,发挥不发挥市场配置资源的基础性作用。从没有流通环节到搞活流通环节,从排斥市场到培育发展房地产市场,按照商品经济法则运行,这就是房地产经济体制改革的基本途径和核心。

从商品经济的初级阶段到高级阶段(发达阶段),经历着商品生产和商品交换从不普遍到普遍的过程和市场机制发挥作用从不充分到充分的过程。这个过程不仅从否定到承认房地产具有商品属性,而且从房地产不具备商品形态到具备半商品或准商品形态,再到完全的商品形态;从排斥房地产市场到准房地产市场,到完善的房地产市场的全部发展历程。这条途径的开通,其核心就是逐步理顺房地产交换所涉及的各种经济关系,逐步完善房地产市场体系,逐步做到充分发挥房地产市场机制作用。建立和发展社会主义房地产市场经济体制,如果离开了培育和发展房地产市场这个基本途径,就会迷失改革的方向。

二、房地产经济体制改革的主要内容

房地产经济体制改革包括以下三项主要内容:

(一)城镇住房制度改革

城镇住房制度改革是指对于传统的城镇住房制度进行的改革。传统的住房制度是把城镇中的公有住房当作社会福利,由国家或国营企业包建设向职工无偿分配,收取象征性的低租金,这种制度产生于1955年,是在《国务院关于国家机关工作人员全部实行工资制和改行货币工资制的命令》的附件《中央国家机关工作人员住用公家宿舍收租暂行办法》提出的。当时实行低租制的目的,在于贯彻"以租养房"的原则和照顾职工的负担能力。由于当时实行低工资制,在工资构成中并未含足住房消费费用,因此,只能实行低租金,用以对国有住房进行必要的维修。这种住房制度产生于高度集中的计划经济体制,在当时也起到适应干部的负担能力,稳定职工生活和以租养房的积极作用。但随着社会的发展,这种制度的弊端日益暴露出来。最根本的弊端是低租金是既不反映价值,又不反映供需关系的极不合理的价格。通过交换不能实现价值,国家建房有投入没有产出,而且建房越多,国家承受的修缮费补贴负担越重,形成恶性循环。资金循环运动在流通过程受阻,难以维持简单再生产。房产经营部门由于低租金这种计划价格,几十年未作调整,而修房所需的建筑材料和工人工资价格不断上涨,逐渐形成以租不能养房,公有住房损坏日益严重,房质下降,全国每年有上千万平方米的住房被淘汰掉。房产经营部门无法维持经营。由于住房由职工所在的机关、企业进行无偿提供,养成职工住房靠国家的习惯,不把住房消费作为家庭的消费组成部分。由于住房用行政手段进行实物分配,收低租金,与职工家庭收入不挂钩,不受家庭预算的制约,刺激了住房需求无限膨胀,加剧了住房紧张。由于住房基本上是按照职工、职务、工龄,用行政手段分配,住房苦乐不均的现象日趋严重,群众反映强烈。这种制度把房地产经营引上绝路,这是由于在计划经济体制下,把住房作为产品生产、产品分配,没有流通环节所造成的必然后果。从实践中提出了改革的要求。

城镇住房制度改革的指导思想,最早是由我国改革开放总设计师邓小平同志提出的。他早在1980年4月2日同中央负责同志的一次谈话中,谈到住宅问题时指出:"要考虑城市建筑住宅、分配房屋的一系列政策。城镇居民个人可以购买房屋,也可以自己盖。不但新房子可以出售,老房子也可以出售。可以一次付款,也可以分期付款,10年、15年付清。住宅出售以后,房租恐怕要调整。要联系房价调整房租,使人们考虑到买房合算。因此要研究逐步提高房租。房租太低,人们就不买房子了。繁华的市中心地区和偏僻地方的房子,交通方便地区和不方便地区的房子,城区和郊区的房子,租金应该有所不同。将来房租提高了,对低工资的职工要给予补贴。这些改革要联系起来考虑"(原载于1984年5月15日《人民日报》)。经过长时间的调研,于1988年2月15日国务院住房制度改革领导小组颁布了《在全国城镇分期分批推行住房制度改革的实施条例》，在我国各个城市中先后实行了住房制度改革。改革的主导思想和目标是按照住宅具有商品属性的基本理论，实行住房商品化政策。改革的主要内容，从改革公房低租金制度着手，将实物分配逐步改变为货币分配，由住户通过商品交换取得住房的所有权或使用权，使住房这个大商品进入消费品市场，实现住房资金投入产出的良性循环。由于原来的职工工资中基本未含，至少是未含足住房消费费用，因此，提高租金就必须相应提高工资或发给补贴。"提租增资"或"提租补贴"是改革低租金的基本政策。实行住房交换制度与分配制度配套同步改革，调整住房交换关系与分配关系并举就成为住房制度改革的基本理论。一切改革措施都是以这一基本理论为指导。改革中所遇到的关键问题就是资金及资金运行、资金转化问题。在《住房制度改革的实施方案》中明确指出，住房制度改革所需资金要立足于现有资金的转化。这就是指"暗贴变明贴"，即把原来的住房建设资金、住房修缮费补贴的资金，列入产品成本的住房折旧基金以及个别单位向职工发放的住房补贴等资金，即职工工资中的社会扣除部分，集中起来，作为住房补贴的总资金，再分配给每个职工，加入到职工工资中去。然后，国家不再负责建房，改由社会上开发公司建房，职工用工资的积蓄，通过房地产市场买房或租房。当时测算，可转化的资金每年约有300亿元，相当于当时职工平均工资的25%。当时规定住房补贴系数最高限度为职工标准工资的25%，租金在3~5年内，从原来的使用面积每平方米平均0.225元提高到由折旧费、维修费、管理费、投资利息和房产税五项因素构成的租金水平，使用面积每平方米1.56元。住房的折旧费和维修费均从租金收入中补偿。房租提高以后，调整了住房的租售比价，促进职工买房。遗憾的是，资金转化的措施在实践中未能落实。住房补贴幅度受到国家和国有企业承受能力的制约，提租的幅度又受增加住房补贴幅度的制约，以致租金改革虽然迈出了可喜的步伐，但从全国来看尚未能走出低谷。烟台、蚌埠、唐山等第一批房改试点单位，采取改革低租金一步到位的办法，实践证明，抓住落实资金转化这一关键，在改革低租金上就能迈出较大的步伐。随着房改的不断深化，出售公房成为房改的另一项主要内容。出售公房在理论上是基于计划经济体制是实物占有、实物管理，商品经济是价值占有、价值管理。公有住房实现这一转变，就可以通过出售，由实物形态变为价值形态（货币）。实践中也是由于提租在客观上遇到一定的阻力，转而通过出售公房筹集资金，再建房出售。出售公房同样受职工承受能力的制约，售价不得不采取优惠政策。实际上也是对原有职工工资中社会扣除部分的补偿。但是由于租金未走出低谷，租售比价仍很不合理，而且社会上福利分房的渠道并未堵住，因而影响群众的买房积极性。房改的再一项主要措施是建立住房公积金。住房公积金是学习新加坡的经验，由职工所在单位和职工个人按照工资的一定比例提存，带有强制性的储蓄，住房公积金的性质是职工工资，主要用于职工买房、建房、修房以及退休后的养老金的一部分。利用此项基金积累与使用的时间差，国家可作为住宅建设和职工买房的信贷资金，周转使用。此项措施正在全国城镇中迅速发展，效果较好。其他的改革措施还包括建立城市、企业和个人的三级住房基金、新房新制度实行新房新租、购买住宅债券以及建立租房保证金以息抵租等，这些都是辅助措施。

从住房制度改革的发展走势看，要逐步实现与国际惯例接轨。主要内容包括：划分家庭收入档次线，对不同收入档次的家庭采取不同的住房政策。高收入者，按市场价格购买商品住宅或自建住宅；中等收入者，购买政府兴建的经济适用房，并享受按揭贷款和贴息；低收入者，租住政府兴建的住房，其中最低收入者并享受住房补贴。实行住房商品化政策与住房社会保障制度相结合,住房社会保障基金用于兴建经济适用房建设贷款和买房消费贷款和贴息以及对最低收入者支付住房补贴,也可与医疗养老保险基金相结合使用。通过房改解决城镇居民住房问题。

(二)城市用地制度改革

城市用地制度改革是指对我国原来城市国有土地采用行政划拨,无偿无限期使用的用地制度进行改革。无偿无限期使用国有土地的弊端:首先是国有土地的所有权在经济上不能获得实现,国有资金大量流失;第二,由于长期无偿使用,使用地单位的产权观念淡化,虽然法律上没有废除所有权,而事实上已经废除了所有权,形成用地单位部门所有;第三,土地一次分配定终身,土地资源不能流通,而且由于土地无偿使用,形成用地单位多占少用,占而不用,土地资源稀缺与浪费并存,土地利用极不合理,违背我国节约合理利用每一寸土地的基本国策,影响国民经济的发展。因此,原有的用地制度必须进行改革。

1990年5月国务院颁布了《中华人民共和国城镇国有土地使用权出让与转让暂行条例》在全国范围内展开了用地制度改革。改革的主要内容是变无偿无限期使用的用地制度为有偿有限期使用的用地制度。按照我国《宪法》和《土地管理法》的规定,城镇土地归国家所有,但其使用权可以依法转让。从法律上承认国有土地使用权是商品由国家出让,收取土地使用权出让金,每次有一定的期限,到期国家将使用权连同地上建筑物一并收回。在出让期内,土地使用权受让人可以有偿转下余使用期限内的土地使用权转让给第三人。土地使用权出让的方式有协议和招标、"拍卖"三种。第一种是国家与土地使用人之间进行个别的协议,缺乏市场竞争机制;第二种和第三种则引进了市场竞争机制,价格市场形成机制发挥得比较充分。招标与"拍卖"两种方式相比较,以招标方式较好,它既体现了市场竞争机制,又可以全面衡量土地使用人各方面的条件,如用途、资质、用地效益等。"拍卖"方式虽然市场竞争的力度更大一些,但容易形成在拍卖现场哄抬地价,其他条件也无法选择,抬高地价会造成物价连锁上升的不良后果。

目前,用地制度改革已经迈出可喜的步伐,但仍然存在着用行政划拨手段多,有偿出让少;有偿出让中协议的多,招标、"拍卖"的少等问题。有待深化改革。用地制度改革的目的在于合理利用土地资源,最大限度地发挥土地资源的功能。

(三)房地产经济管理体制改革

房地产经济管理体制改革是指对房地产经济活动的组织结构形式和方式方法的改革。主要是生产关系与上层建筑相联系部分的改革,包括宏观经济管理机构——政府机关和微观经济机构——企业制度的改革。主要改革内容包括政企职能分开,政府转变职能,所有权与经营权分离,明晰产权关系等项内容。党的十二届三中全会制定的《中共中央关于经济体制改革的决定》中就提出了政企分开的问题,但房地产管理系统中这个问题并未得到贯彻落实。政企不分的现象十分严重。把房产经营业务一向视作政府组织人民生活的职能。组织机构多次变更,房地产经营总是随着政府机关在市、区分工上打圈子,并未能触及政企分开的问题。党的十四大指出:企业是市场竞争的主体,政府机关职能转变是建立社会主义市场经济体制的关键。房地产经济管理体制改革已经到了关键时刻。

管理体制是属于上层建筑部分,上层建筑必须适应经济基础的要求。当前不仅政企分开的问题尚未解决,从90年代又出现了房地分管的问题。房屋与土地无论自然属性和经济属性都具有相对不可分性,这是经济基础的要求。而在政府管理机构上硬要房地分管,显然违背上层建筑必须适应经济基础要求的客观规律。这种体制存在很多弊端,其中最主要的是房地产开发建设的源头是从土地使用权出让开始,房地分管的体制,尽管商业大厦已经供大于求,而源头上仍然大量批地,难以调控供需总量的基本平衡,带来积压滞销,空置量增加的巨大损失。我国房地产经济管理体制改革亟待深化,发挥上层建筑对经济基础的反作用。

三、房地产经济体制改革的核心

（一）房地产经济体制改革的核心是培育和发展房地产市场,转换经济运行机制

1996年全国经济工作会议上指出,当前经济工作的重点是实现"两个根本性转变",即从计划经济体制向市场经济体制转变;经济效益增长方式从粗放型向集约型转变。房地产经济从计划经济体制向市场经济体制转变,首先是要培育和发展房地产市场,而市场是交换关系的总和,涉及方方面面的经济关系。培育和发展房地产市场,势必理顺房地产经济的各种经济关系,其中的核心问题是转换房地产经济的运行机制。从行政命令计划驱动,转变为市场机制驱动。在计划经济体制下,基本上不存在流通环节,没有房地产市场,房地产企业是政府机关的附庸,不参与市场活动,不受市场机制的影响,自身不进行价值核算,责、权、利不结合,外无压力、内无动力,因而失去活力。没有竞争,就没有危机感。房地产企业不投入市场,不转变经营机制,就谈不上活力,生产力也就不可能发展提高。因此,房地产经济体制改革的核心,必须把握住培育发展房地产市场这个中心环节,房地产开发经营必须实现企业化,真正成为自主经营,自负盈亏,自我发展,自我约束,具有法人资格的经济实体,把企业投入市场,按照商品经济运行机制运行,才能做到通过集约型经营、走内涵扩大再生产的道路,企业才能具有活力,才能充分发挥市场配置资源的基础性作用,生产力才能不断地提高,房地产经济才能得到较快的发展。

（二）房地产价格体系改革是转换经济运行机制的关键

在计划经济体制下房地产经济体制的弊端集中表现在房屋低租金和土地无偿使用上。实质是扭曲了的价格问题。这种扭曲了的价格,严重地与价值背离,不仅不能发挥价值规律作用调节供需关系和配置资源,而且价值规律发挥逆调节作用,加剧供需矛盾。扭曲的房地产计划价格,使房地产资金循环运动在流通领域受阻,不能实现良性循环,也不可能转换经济运行机制。房地产经营部门不依靠国家"输血"就难以生存,自身缺乏"造血"功能,不能实现自我发展,受国家预算的硬约束,是房地产短缺的根本原因。因此改革房地产的价格体系是实现经济运行机制转换的关键。

房地产价格体系改革是一个相当复杂的系统工程,价格既要与价值相符合,又要与居民的支付能力相适应,才能发展房地产市场。在我国当前居民家庭收入水平还不高的条件下,尚不可能完全实行市场价格。房地产价格高与收入低的矛盾必然制约市场的发展。因此,在我国的相当长的时间内,首先是规范价格双轨制,只有当国民经济有了较大地发展,人民的生活有了显著地提高,并且有了完善的住房社会保障体系之后,房地产价格才能逐步实现并轨。

从上述分析可见,顺利地进行房地产经济体制改革,必须从理论上明确,抓住主要矛盾,明确改革的主要对象。特别是城镇住房制度改革,需要改革的是低租金,是价格,而不是租或售的交换形式。抓住主要矛盾,其他矛盾就迎刃而解了。

思 考 题

1. 经济体制的内涵是什么?
2. 试述我国房地产经济体制改革的必要性。
3. 试述我国房地产经济体制改革的目标及其所依据的理论基础。
4. 我国房地产经济体制改革的途径、改革的核心是什么?
5. 我国房地产经济体制改革的根本目的是什么?改革的主要内容和具体目的是什么?
6. 我国城镇住房制度改革关键要解决什么问题?主要矛盾是什么?采取哪些主要对策?

第八章 房地产经济的地位和作用

当我们了解了房地产的属性,房地产的各种经济关系,房地产经济体制改革的必要性和改革的目的以后,就掌握了房地产经济在正常条件下,应该发挥的作用以及在国民经济中应有的地位。从而科学地认识房地产经济的重要性,并运用科学的理论体系为其加速发展而自觉地拼搏。本章主要研究房地产经济在国民经济中的地位和作用,作为全书的结尾。

第一节 房地产经济在国民经济中的作用

一、房地产经济是国民经济的分支和基础

房地产经济是国民经济中的重要部门经济,是国民经济组成的一个分支。房地产业是第三产业中物质基础最为雄厚的行业。全国城镇国有土地共有 10126 km^2;据 1985 年全国第一次城镇房屋普查的统计结果,全国共有城镇房屋 46.76 亿 m^2。全国城市房地产总值估计为 17000 亿元,约占全国固定资产总值的 1/3。如此巨额的社会财富,通过改革,盘活存量,可创造十分可观的附加值。另据统计,截至 1992 年底,全国房地产开发企业共有 12400 家,注册资金 900 亿元,开发投资额 731 亿元,房地产销售额达 450 亿元,占社会消费品零售总额 4.13%。房地产投资的增长速度 1992 年为 117%、1993 年为 124.9%、1994 年经过治理整顿仍保持了 41.3% 的增长速度。按照建设部的要求,到 2000 年房地产业产值将达到国民生产总值的 5.5%。可见房地产经济的发展直接影响到国民经济的发展,是国民经济的基础。

二、房地产业的发展有利于产业结构的调整

我国国民经济已经进入现代经济增长区间,要求产业结构高级化。第三产业是属于国民经济结构中的流通领域,它在生产结构与消费结构之间发挥着桥梁作用,它的发展为第一、第二产业服务。并能发挥积累资金,解决劳动就业等作用。加速第三产业的发展是调态产业结构的重大战略。房地产业本身属于第三产业,房地产业的发展自身就增加了第三产业产值的比重。同时房地产业的发展还拓宽了金融市场,对第三产业中的另一重要行业金融业的发展起到促进作用。如前所述,由于房地产的价值大,投资多,无论是开发建设还是置业都需要信贷融资的支持。房地产金融市场已经发展成为整个金融市场的重要组成部分。从 80 年代随着烟台、蚌埠、唐山等第一批房改试点城市房改方案的出台,就诞生了住房储蓄银行;随着房改的深化,各地建设银行相继开拓了房地产信贷业务;即以工商银行为例,自 1991 年开始在部分分行开办住房信贷业务以来,截至 1995 年 6 月底,房地产各项存款余额已达 452 亿元,贷款余额已达 321 亿元(《天津日报》1995 年 8 月 17 日第二版)。房地产业的发展还为第三产业中的商业、餐饮业、旅游业、服务业提供了经营场所和市场,促其发展。房地产业对于增加第三产业的比重,调整产业结构,实现产业结构高级化、合理化,促进国民经济的快速发

展,发挥着重要作用。

三、房地产业的发展可以带动建筑业、建材工业和相关产业部门的发展

房地产业的发展对于其他产业部门的发展有很强的相关性。除能促进第三产业部门的发展之外,还能直接带动第二产业中建筑业、建材工业及冶金、纺织、化工、机械、仪表等50余个相关产业部门的发展。房地产业的发展直接扩大建筑、建材和劳动力市场。从1992年以来,房地产业出现了大发展的好形势,促进了建筑业的大发展。1995年第一季度国有建筑施工企业完成建筑总产值490.9亿元,比上年同期增长31.3%,竣工产值115.32亿元,比上年同期增长50.3%(《建筑经济》1995年第7期),这与房地产快速发展,增加房地产开发建设投资有直接的关系。

房地产业的发展在拓宽了建筑业的市场的同时,还拓宽了建材工业的市场。建筑产品造价中有70%是建筑材料转移的价值。如前所述,1995年第一季度国有建筑施工企业完成490.9亿元建筑总产值,则其中耗用建筑材料转移的价值估计约为343.63亿元。据粗略地估计,城乡住宅建设每年需要消耗钢材相当于1995年全国钢材产量的14%,水泥年产量的47%,玻璃年产量的40%,木材年产量的20%。实践证明,随着近年来房地产业的发展,建材工业也兴旺发达起来。

建筑业和建材工业都是劳动密集型的产业。80年代以来,建筑业以年均10%左右的速度扩大施工队伍,1995年第一季度国有建筑施工企业职工平均人数为476.32万人。比上年同期增长7%(《建筑经济》1995年第7期)。房地产业的发展,有利于农村富裕劳动力的就业。

四、发展房地产市场,完善社会主义市场体系,
有利于建立和完善社会主义市场经济体制

建立和完善社会主义市场经济体制,使市场在社会主义国家调控下充分发挥配置资源的基础性作用,其先决条件就是必须有完整的社会主义统一市场。既包括生产要素市场,又包括消费资料市场,在市场机制的作用下,才能按比例地配置社会总劳动。房地产既是生产要素,又是必需的消费资料,它必然要进入房地产市场,而房地产市场是社会主义统一市场的组成部分。发展房地产业必然发展房地产市场,房地产市场充分发育起来,就使社会主义统一的市场体系得到完善,也就促进了社会主义市场经济体制的不断完善。

住宅的发展有利于增加市场消费。以1995年商品房销售额1251.4亿元为基数,按国外常用的住宅商品带动系数1.34计算,所带动的社会商品整体销售额为2930亿元,相当于1995年全社会消费品零售总额的14.22%。足以证明发展房地产市场对于整个消费品市场巨大的带动作用。

五、房地产业可为国家提供大量积累

房地产业是高附加值的行业。90年代初我国南方沿海城市房地产开发商的资金回报率高达50%以上。经济发达的国家和地区,房地产业都是为国家或地区政府提供积累的重要源泉。如香港1981年房地产业向当地政府提供的积累占财政收入的48%,其中卖地收入达

20亿美元,占财政收入的35%。我国内地的房地产业同样也以实物或税费等不同形式向国家提供了相当数量的积累。例如广州市的东华实业股份公司开发建设的五羊新城61万m^2的住宅区,就无偿向政府提供1所中学、3所小学、5所幼儿园、1个剧院、1个活动中心、1所医院、1座污水处理厂及其他公共配套建筑;天津市截止至1993年底,市区累计出让土地25幅,45.59万m^2,引资110万元人民币,用于城市建设事业。房地产业之所以能为国家提供大量积累,主要是由于房地产业具有从土地出让开始,无需投入,即可回收大量资金,随着房地产开发建设的进程,边建设、边预售、边回收资金,企业有利可赚,国家有税可收,这个其他任何行业无法比拟的优势。

六、房地产业是吸引外资的重要渠道

我国现代化建设面临的一个主要问题就是资金短缺的问题。改革开放,在引进国外先进技术和管理经验的同时,引进外资。房地产业是吸引外资的重要渠道。如深圳市1979~1990年,外商投资于房地产业的资金为57.52亿元,占同期建设投资总额的24.8%;上海截止至1990年止,外商投资于房地产的资金占外商投资总额的61%。天津市大量吸引外资进行危陋房屋改造,在我国大中城市中开创了先例,从1994年开始用5~7年的时间计划完成市区内成片危陋房屋738万m^2的改造任务,新建住宅2100万m^2。房地产业之所以成为吸引外资的主渠道是由于我国房地产开发建设的回报率高,土地价格低,人工成本低,房地产潜在市场大,外商在中国进行房地产开发建设,可以适应我国经济发展和人民生活的需要,有利可图。

七、房地产业在城市建设中发挥先导作用

房地产是城市载体。城市经济中的工业、商业、金融业及其他各行各业都要以房地产业为依托,提供生产和经营的场所,成为必需的生产资料。建设新的城镇,改造旧的市区,首先要房地产开发建设先行。城市经济各行各业都要有从业人员,而劳动力的再生产有赖于发展住宅建设。因此,房地产开发建设在城市建设中发挥先导作用。

人口城市化是社会发展的必然。据统计,1920年世界人口是18亿,其中城镇人口3.6亿,占人口总数的19.4%;1980年世界人口达到43.74亿,其中城镇人口已达18.09亿,占人口总数41.3%。预测到2000年,世界人口将达62.54亿,而城镇人口将达32.08亿,将占人口总数的51.3%。尤其是发展中国家,随着农业科技的进步,农业劳动生产率大幅度提高,大量农村剩余劳动力将流入城市。人口城市化的速度必然进一步加快,城市的数量相应地增加。据统计我国的城市,1949年为116个,1985年为324个,比1949年增加了近一倍。预测到2000年,我国城市将增加到653个,数量将再翻一番。随着国民经济的发展,我国城市发展的速度很快。房地产经济在城市建设中的先导作用越来越突出。

房地产的面貌是城市面貌的具体体现。城市房地产业的发展程度和管理水平,直接反映城市面貌和城市管理水平。影响着城市的投资环境。改革开放,吸引外资,外商不仅是洽谈项目、签订合同的过客,而且外资企业的发展,必然要有大量外商长期侨居。因此,在城市房地产开发建设中就要有一定数量适合外商需要的写字楼、公寓、别墅和必要的游乐场所。在一定意义上讲,房地产业不仅在城市建设中发挥先导作用,而且发挥改善城市投资环境的作用。

八、发展房地产业，改善人民居住条件，增强凝聚力，调动生产积极性

发展房地产业，加快住宅建设，不断地满足改善人民居住条件的需要，是增强凝聚力，调动生产积极性的根本措施。安居才能乐业，解除职工在住房上的后顾之忧，才能安心生产。劳动力是生产力中最活跃的因素，加速发展生产力，首先要靠有先进科学技术武装了的人——高素质的劳动者。住宅是劳动力再生产的必要条件，住宅既是生存资料，又是享受资料和发展资料。劳动者进修学习、科研、创造都有赖于功能完备、环境良好的住宅。住宅是人民生活与生产、经济发展之间的结合点。因此，国家领导人在1996年夏秋之际纷纷发表了发展住宅产业，住宅建设将成为新的消费热点和新的经济增长点的重要讲话。充分证明发展房地产业在改善居住条件方面的重要性。住房问题是影响社会安定的大问题。发展房地产业要依靠改革，因此它是正确处理改革、发展、稳定三者关系的重大战略措施，对于持续、快速、健康地发展我国国民经济有着十分重大的作用和意义。

第二节 房地产业在国民经济中的地位

房地产业在国民经济中的地位取决于它在国民经济中所发挥的作用。在研究了房地产业在国民经济中的作用以后，则它在国民经济中的地位就顺理成章地得出科学的结论。

一、国民经济支柱产业应该具备的条件

任何部门经济能否作为国民经济的支柱产业，不是自封的，也不是凭人们的主观意识可以决定的，而是要看它是否具备主导产业必须具备的条件。国际上选择支柱产业的条件，一般有以下几条：

(一)在国民经济结构中居于重要地位，行业的发展直接促进国民经济的发展

能否作为支柱产业的首要条件是要看产业(或行业)在国民经济结构中所占的位置或比重。它的发展能不能对国民经济发展直接发挥重要作用。我国国家统计部门在过去的较长时期内未把房地产业产值作为独立的项目进行系统地统计，因此，目前尚难以用准确系统的数据说明房地产业发展对国民经济发展趋势的重要作用。但从前述房地产业所占有的固定资产比重、房地产业发展速度和所增加的附加值以及房地产业发展对于产业结构高级化所发生的重要作用等方面已经足以证明房地产经济在国民经济发展中的重要作用。房地产业具备支柱产业的基本条件。

在此，理论界是有不同认识的。有些同志基于房地产的价值大，房地产的购置需要较高的支付能力。国民经济不发展到一定水平，居民家庭没有足够的有支付能力的有效需求就形不成兴旺发达的房地产市场，房地产业也就不可能长足发展。因此，认为房地业的发展不能促进国民经济的发展，反而要依赖国民经济的发展。因此，认为房地产业不具备支柱产业地位。其实，任何产业的发展都与国民经济发展到一定的水平有关，任何产业本身的发展与国民经济的发展都存在着矛盾对立统一的辩证关系，即互相制约，互相促进，相辅相成的关系。譬如汽车制造业，购买汽车不仅要有很高的支付能力，而且要求家庭要有车库，或大型存车场，城市道路发展必须达到一定的水平。实现这些条件必然要依靠国民经济发展到一定的水

平,汽车制造业才能成为支柱产业。然而汽车制造业一旦发展起来又可为国家提供积累,促进国民经济的加速发展。房地产业同样如此,房地产经济本身就是商品经济发展到一定程度的产物,它也必然是随着商品经济的发展而发展,要以国民经济发展到一定水平为前提。但它是高附加值的行业,它的发展反过来也必然促进国民经济的进一步发展。这就是二者的本质关系。当国民经济发展到房地产业已经能够产生并逐步发展的水平,房地产业的继续发展必然会促进国民经济的进一步发展。正确处理二者的关系,在于发展适度。在国民经济发展过程中必然有先富与后富之分,贯彻先富起来的带动后富起来的走共同富裕道路的基本国策,对房地产有支付能力的居民家庭必然越来越多,房地产业必将越来越发展,促进国民经济发展的作用也必然越来越显著。但是如果房地产业的发展超越了这个"度",就会成为滞销、空置,而产生消极作用。我们不能看到一时由于宏观失控,市场盲目性造成商品房过剩滞销的一时现象,而忽视了对其发展走势的全面分析,以致影响到认识上的科学性、全面性。

(二)对其他产业的发展要有较强的带动相关作用

选择支柱产业,必须是这个产业对其他相关产业有较强的带动相关作用,这样能"拨一发而动千钧",起到杠杆作用。从上述分析,房地产业完全具备这个条件。房地产业的发展可以带动一大批相关产业的发展,起到发展经济的"原动力"作用。它完全具备这个条件。

(三)能为国家提供大量积累

能不能为国家提供大量积累,是选择支柱产业的重要条件。支柱产业必须是高附加值的产业。房地产业具有利用国有土地自然资源,从出让国有土地使用权开始,无需投入,国家即可回收大量资金,得天独厚的优势,是其他任何行业所无法比拟的。无疑房地产业是完全具备这个条件的。

(四)产业的发展具有后劲

支柱产业一定是资源雄厚,取之不尽,用之不竭,并且有广阔的市场,有长期发展的后劲。房地产业完全具备这个条件。从资源看:全国有10126km^{2}的城市土地可供开发和再开发;有近500万人的建筑安装劳动大军;每年有近2000亿元的资金投入住宅建设;目前,建筑需用的钢材、水泥、玻璃等是我国的长线产品,建筑材料供应有保证。发展房地产业,建设资源不能不说相当丰富。从房地产市场的发展前景看,潜力很大。特别是我国人口多,对住宅的需求量大,只是当前由于居民家庭收入相对较低,有效需求相对不足,随着国民经济的发展,居民收入将不断地提高,再加上信贷政策向住房消费需求倾斜,住房的潜在需求就可以迅速转化为有效需求,从我国房地产市场的长期发展趋势看,潜力很大。到2000年实现居住小康水平,人均住房使用面积达到12m^2,住宅成套率达到70%以上,在"九五"期间,就要新建住房12亿m^2,年均新建住房2.4亿m^2。目前,全国尚有人均住房4m^{2}以下的住房困难户325万户,解困住房尚需新建2.2亿m^2。我国的潜在住房市场是很大的。发展房地产业是有广阔前景的。

从上述分析看来,房地产业符合支柱产业所应具备的各项基本条件。

二、房地产业在国民经济中居于支柱产业的地位

从房地产业在国民经济中所发挥的重要作用和它所具备的条件来看,房地产业在国民经济中居于支柱产业的地位,这个论断应该说是正确的、科学的。因为这不是从任何主观意志出发,而是从客观规律分析得出的。

对这个结论在认识上是有过程的。房地产业是国民经济支柱产业的论点,早在1988年4月国家建设部、国家体改委和国务院发展研究中心联合在北京市召开的房地产业产业政策研讨会上就已经提出。事隔8年,朱镕基副总理在1996年7月11日听取国务院房改办领导小组汇报时提出,要加快住宅建设步伐,刺激新的消费热点的讲话。他说:"我们要研究能够刺激消费的新市场,增加直接消费。研究新的经济增长点,新的消费热点。""住宅建设资金投进去,可以刺激钢铁、建材、装饰材料和一系列工业产品。中国有12亿人口,住宅的需求量很大,建筑业最有可能成为支柱产业"。1996年夏秋之季,中央领导相继发表发展住宅建设将成为新的消费热点和新的经济增长点的重要讲话。房地产业的地位得到一些国家领导人的确认。

房地产业目前为什么还未能发挥其应有的作用,尚未在国民经济中居于应有的地位,其原因应作具体分析。

其一,我国目前处于社会主义初级阶段,经济发展水平不高,又很不均衡?一些城市和地区经济环境还不宽松,住房的有效需求相对不足。有效需求相对不足,一是指与1992年以来房地产市场盲目性出现的房地产开发建设"过热",供应量与需求量相比,有效需求出现相对不足。以房地产业不太发达的天津市为例,1993年房地产开发企业从1991年的79家增加到627家,投资额达40.43亿元,施工面积587万m²,是1992年的2.23倍。1994年商品住宅的竣工量为177万m²是1993年正常需求量的2.76倍。以致1994年商品住宅销售量虽然达到101万m²,比1993年增加了57%,但空置量却增加到92万m²。商品住宅的销售率从1987年的97.3%,降到1994年的52.4%。说明销售率的降低,并非由于销售的绝对量下降引发的,而是供应量的增幅过大,大大超出了销售量的正常增幅所致。通过加强宏观调控力度,采取措施在一定时期内抑制增量,压缩存量,住宅空置量增加的问题是可以解决的。有效需求相对不足,二是指房价过高与职工收入的比例比较而言。据世界银行考察得出的法论,住房价格与家庭年收入的比保持在3~6倍之间,居民才有足够的购房支付能力。目前我国一套一般商品住房价格与家庭年收入的比在10倍以上,当然就形成有效需求相对不足。而房价居高不下的原因是商品房价格构成不合理,在商品房价格构成中,土地费用占20%左右,建安工程费占40%左右,市政公用设施费用占20%~30%,各种税费占10%~20%。在税费中有相当一部分是重复课征不合理的项目,有待清理。经过清理整顿,规范住宅价格构成和居民收入的逐步提高,这个问题可以得到缓解。

其二,我国的市场经济刚刚起步,还很不完善,过渡期间很多经济关系尚未理顺,新、旧两种体制并存,互相碰撞、冲击,制约房地产的发展。例如住宅商品化的政策与福利分房制度并存,买房与低租金并存,租售比价不合理等都影响群众买房积极性。即使有买房支付能力的家庭也不愿买房,使有效需求进一度减少。随着商品经济发展到发达阶段的市场经济,房地产业的发展才能随之而登上顶峰,发挥其应有的支柱产业的作用。房地产业的发展有赖于房地产经济体制改革的深化,解放由计划经济体制给房地产经济生产力带来的束缚,促进生产力能进一步地加速发展就能充分发挥其国民经济支柱产业的作用。

综上所述,房地产业目前尚未能发挥其应有的作用,并非房地产经济自身不符合支柱产业的条件,而是受历史发展阶段性的限制和旧体制的束缚。许多问题是人为的,是可以改变的。用动态的发展观点看问题,房地产业在不久的将来一定能够成为国民经济的支柱产业,发挥其应有的作用。房地产经济在国民经济中的地位是举足轻重的。通过房地产经济基础理论的研究,在科学的理论指导下,房地产经济在我国正如晨曦中的一轮红日,喷薄欲出,必将腾跃于东海之上。

思 考 题

1. 简述房地产经济在国民经济中的作用。
2. 房地产业应否作为国民经济的支柱产业?为什么?
3. 房地产业为什么目前尚未发挥其应有的支柱产业作用?
4. 房地产经济与国民经济发展的辩证关系是什么?
5. 你通过学习,对房地产经济这门新的学科有哪些认识?

参 考 文 献

1 中共中央马克思恩格斯列宁斯大林著作编译局译．资本论第一卷、第三卷．北京：人民出版社，1975
2 中共中央马克思恩格斯列宁斯大林著作编译局译．马克思恩格斯选集第二卷．北京：人民出版社，1975
3 邓小平著．邓小平文选第三卷．北京：人民出版社，1993
4 王俊宜，铖淦荣，杨娴，辛守良．政治经济学．北京：化学工业出版社，1982
5 顾宝孚，汪永波等编．社会主义经济理论专题教程．南昌：江西人民出版社，1986
6 林子力著．社会主义经济论——论中国经济改革第一卷、第二卷．北京：经济出版社，1985，1986
7 王振贤，潘镇贵，黄万宾编著．社会主义商品经济理论学习问答．天津：南开大学出版社，1992
8 厉以宁，秦宛顺编著．现代西方经济学概论．北京大学出版社，北京：1983
9 苏星著．我国城市住宅问题．北京：中国社会科学出版社，1987
10 曹振良，郝寿义，袁世明编著．土地经济学概论．天津：南开大学出版社，1989
11 于俊国著．城市土地经济学．北京：经济日报出版社，1988
12 李鸿昌，周治平，许绍基主编．城市土地经济学．北京：科学普级出版社，1988
13 杨巍编著．房地产经济学简论．天津：天津教育出版社，1991
14 高秉坤编著．城市房地产经济学．武汉：华中师范大学出版社，1986
15 杜家琪，余鑫炎编著．房地产经济学．武汉：武汉工业大学出版社，1988
16 屠永良，陈阳元主编．房地产经济学．上海：文汇出版社，1989
17 曹振良，郝寿义，袁世明编著．房产经济学概论．天津：南开大学出版社，1992
18 曹振良主编．现代房地产开发经营．北京：中信出版社，1993
19 黄如宝著．建筑经济学．上海：同济大学出版社，1993
20 蔡育天著．房地产市场．上海：上海社会科学院出版社，1993
21 贾秀岩著．价格学原理．天津：南开大学出版社，1984
22 楼献著．经济法概论．北京：中国建筑工业出版社，1993